国网浙江省电力有限公司杭州供电公司　编著

双碳背景下车网互动技术

RESEARCH AND DEMONSTRATION OF
VEHICLE NETWORK INTERACTION TECHNOLOGY
UNDER DUAL CARBON BACKGROUND

研究及示范

中国电力出版社
CHINA ELECTRIC POWER PRESS

图书在版编目（CIP）数据

双碳背景下车网互动技术研究及示范/国网浙江省
电力有限公司杭州供电公司编著. -- 北京：中国电力出
版社，2025.7. -- ISBN 978-7-5239-0027-7

I. U469.72；TM76

中国国家版本馆 CIP 数据核字第 2025XF8243 号

出版发行：中国电力出版社
地　　址：北京市东城区北京站西街 19 号（邮政编码 100005）
网　　址：http://www.cepp.sgcc.com.cn
责任编辑：匡　野（010-63412786）
责任校对：黄　蓓　郝军燕
装帧设计：王红柳
责任印制：石　雷

印　　刷：北京九天鸿程印刷有限责任公司
版　　次：2025 年 7 月第一版
印　　次：2025 年 7 月北京第一次印刷
开　　本：787 毫米 ×1092 毫米　16 开本
印　　张：11.25
字　　数：271 千字
定　　价：59.00 元

编委会

前言

2024 年 1 月 4 日，国家发展改革委等部门发布国内首个 V2G 技术政策文件《关于加强新能源汽车与电网融合互动的实施意见》，在此前国务院办公厅《关于进一步构建高质量充电基础设施体系的指导意见》的基础上，该实施意见不仅明确车网互动技术的定义，还提出具体目标与策略。当前部分电网企业、充电基础设施运营商和汽车企业正加速探索车网互动。作为我国新型电力系统建设的重要组成部分，车网互动技术和应用正处于快速发展、即将成熟的拐点期，但要实现大规模推广还需迈过技术、标准、盈利模式等多道坎，亟待加强产业整体统筹。

目前，中国是全球电动汽车数量最多、发展最快的国家，保有量突破 1688 万辆。浙江省电动汽车保有量超 168.51 万辆、占全国十分之一，年增长率高达 37.5%，结合近几年全国及浙江省电动汽车渗透率水平差异，预计 2023～2025 年浙江电动汽车渗透率将达到 33.86%、41.32% 及 48.53%；中国也具有世界上高质量的电动汽车充电基础设施体系，目前充电桩数量超过 720 万台。浙江省 105 万台，年增长 38%（家用充电桩报装量 92 万，年增长 38.6%）。从用能情况看，2021 年，浙江省报装充电桩用电量 19.4 亿千瓦时、占全社会 5503 亿千瓦时的 0.35%；2022 年，报装充电桩用电量 31.35 亿千瓦时、占全社会 5760.83 亿千瓦时的 0.54%；2023 年 1～7 月，报装充电桩用电量 29.25 亿千瓦时、占全社会 3433.57 亿千瓦时的 0.85%，电动汽车用能占比持续攀升。电动汽车爆发式的增长使得户均容量水平、配电网建设水平的增速难以同步满足充电服务快速增长的需求，用电量剧增、尖峰负荷动态波动、峰谷差加大等问题日益凸显，对电力供应和电网基础设施提出了新的挑战。

当前，电动汽车普遍采用无序充电模式。随着电动汽车规模化报装接入电网，电网容量愈发稀缺，增容面临重重困难，接入压力与日俱增。此外，接入电网后的电动汽车使用效率偏低，难以作为电网柔性调控的有效资源参与电网的优化运行。

现有的主流有序充电技术，如能源控制器、融合终端等，在实际应用中暴露出诸多弊端。设备成本高昂，运维保障难度大，通信可靠性欠佳，车网一体化互动能力薄弱。这些问题严重阻碍了有序充电模式的规模化、市场化推广与应用，难以满足电动汽车产业快速发展的需求。而传统计量技术在应对车桩网场景下的有序充电问题时，同样面临着诸多难点：**一是计量对象认知局限。**电动汽车用户的充电习惯与需求复杂多变，且相关电动汽车负荷不确定性统计分析要素计量采集手段缺失，多维数据融合的计量采集分析系统平台不完备，业务一体化服务能力差，数字化智能计量体系标准缺位。**二是计量保障手段匮乏。**传统充电信息链路传输加密手段安全性欠佳，电池状态充电安全监测和充电环境安全评估模式不够精准，在极弱通信条件下车网交互可靠率较低，计量运维保障技术的智能化程度不高。**三是计量调控协同不足。**高效精准、标准统一的电动汽车有序充电技术模式尚未形成，传统计量调控对象与手段较为单一，时空充电负荷动态调控方法不够全面，多层面多场景计量协调控制技术体系尚未构建完成。**四是计量装备及平台数智化程度低。**传统计量采集运维管理模式与辅助平台智能化水平较低，车网互动场景下自主可控的计量保障装备软硬件水平方面仍有待提升。

本书围绕车网互动技术展开研究，分析了其必要性、可行性、国内外情况、政策标准等现状，根据车网互动架构和资源分析，提出多种技术策略，专题剖析现有车网互动示范应用，并展望未来发展，给出相关思考建议。全书共五章，涵盖车网互动技术概述及战略意义、车网互动技术发展现状及面临的挑战、车网互动关键技术介绍、车网互动商业模式创新探索及示范应用和展望。其核心技术理念与思路，融合了国内外专家成果、国网杭州供电公司精心编纂的《车网互动电力计量技术体系》报告精髓，以及自主研发的车网协同系列装备与平台产品。

本书旨在为电网领域的专业人士呈现电力行业居住区有序用电技术应用的最新成果，也期望能为国家电网有限公司各下属单位及部门在规划、构建和推进车网互动关键技术的发展路径时，提供兼具前瞻性与实操性的理论与实践参考。

对于书中不妥之处，欢迎广大专家、读者提出宝贵意见和建议。

编者

2025 年 6 月

目录

车网互动技术概述及战略意义 第一章 ◀◀

第一节 车网互动概念与分类

一、车网互动定义

车网互动是指将电动汽车作为一种用户侧可调负荷资源，根据电力系统运行需要，通过充电设施或车辆智能调整充放电功率和时间，与电网进行能量和信息互动（见图 1-1）。电动汽车既可以错峰充电，又可以反向送电给电网，电动汽车通过充换电设施与供电网络相连构建电动汽车与供电网络之间的信息流能量流双向互动体系，实现电动汽车（通过负荷聚合商，例如虚拟电厂、充电运营商等）为电网系统提供辅助服务，推动电动汽车车主成为能源低碳运行的"产消者"。目前车网互动主要包括智能有序充电、双向充放电（V2G）等形式，可参与削峰填谷、虚拟电厂、聚合交易等应用场景。

智能有序充电：指通过智能化手段调整新能源汽车充电时间和充电功率，辅以价格调节机制，实现削峰填谷。

双向充放电：指将新能源汽车作为"储能"设施，通过充放电桩实现负荷低谷时充电、负荷高峰时向电网放电，是车网互动的更深层次应用。

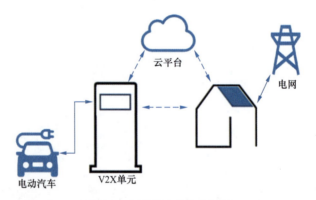

图 1-1 车网互动的物理框架

二、技术架构与互动模式

（一）技术架构

电动汽车通过充放电设备与电网或负荷构成车网互动技术体系架构。自下而上包括充电需求层、基础设施层、充电运营层、聚合运营层和价值服务层四个层面。车网互动技术体系架构如图 1-2 所示。

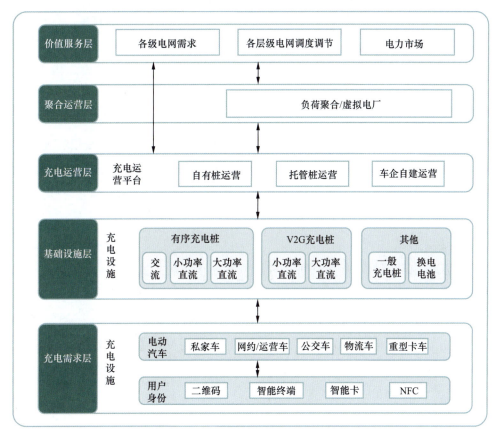

图 1-2 车网互动技术体系架构

充电需求层：涉及电动汽车用户和电动汽车。作为最底层架构，决定了车网互动的基本需求，在满足用户充电需求的基础上挖掘可调节能力，获取协同互动价值。其中，用户通过 App、储值卡等方式启动充电，提出用户的电量需求和提车时间需求。电动汽车的软硬件设施（如车载充电机、接口等）决定了电动汽车能够接受的物理充电形式（交流、直流、充放电等）。

基础设施层：以电动汽车充电桩为主的充电设施。从功能类型上分为有序充电桩、V2G 充放电桩、普通充电桩等。从电能形式上可分为交流充电桩、直流充电桩。从功率等级上又能分为不同功率等级的充电桩。对于车网互动来讲，充电桩的情况决定了互动的最大能力，包括最大功率、功率调节精度、功率爬坡速率等。

充电运营层：以电动汽车充电运营商主导，它作为充电服务运营提供者，主要的功能是保证用户的基本充电服务，同时保障了充电桩的安全运行。它在互动层面发挥的能源服务价值主要包括两方面：一是组织本地配电网层级的车网互动包括有序充电、V2G 等；二是参与负荷聚合商组织的调控响应活动。

聚合运营层： 由负荷聚合商主导，向上对接电力市场的需求进行市场决策，向下组织负荷资源调控。负荷聚合商组织了广域范围内的车网互动，提供的是能源服务价值。多个负荷聚合商间是协同竞争的关系，通过报量报价完成电力系统、电力市场的调节需求。

价值服务层： 是电力系统各层级电网需求提出和车网互动价值实现的关键环节。电力系统的调节需求经由终端采集设备（如台区变压器上装设的数据采集装置）、各级调度、营销部门传导，以相关政策（如分时电价）、电力市场（如需求响应、辅助服务）等形式传递给互动参与者（充电运营商和负荷聚合商），通过车网互动行为的参与使运营商获得对应价值，并以一定形式部分反馈给充电用户。

（二）互动模式

车网互动让电动汽车成为一种可控资源，在很多场景发挥作用，从最开始不考虑对电网影响的无序充电方式，发展到交通网和电力网的深度融合，经历了无序充电（V0G）、有序充电（V1G）、车网互动（V2G）和车网一体（VGI）四个阶段，形成高效的"新能源汽车＋电网"能源体系。其互动模式包括 V0G（无序充电）、V1G（有序充电）、V2G（车与电网互动）、V2H（车与家庭互动）、V2B（车与建筑互动）、V2X（车路协同）、V2V（车车互动）等。

V0G（无序充电）： 即电动汽车主按个人用车习惯进行充电。无序充电叠加用电高峰，将对电网造成严重冲击，抬升峰值负荷。其原理是乘用车与电网的初级连接关系，能量只能由电网向汽车单向流动，且功率不可调，当 EV 普及小于 5% 的时候，电网还可以接受，当 EV 普及大于 10% 的时候，社区配电容量会因为 EV 的使用而频繁跳闸，带来隐患和使用的不便。

V1G（有序充电）： 即单向有序充电，电动汽车在统一调度下，同一时间段同步充电，并以电网负荷平稳为目标实时调整充电速度。也就是说，有序充电能够在保证居民生活用电的前提下，通过实时监测用户端的用电容量进行，动态调整充电时间和输出功率，解决补能设施与电力设施矛盾的方案。V1G 仅适用于对电动车充电"限电"的应用场景，以达到电网"削峰"的调节目的。

V2G（车与电网互动）： 即电动汽车与电网协同互动，利用电动汽车特有的储能功能与电网"双向奔赴"（如图 1-3 所示）。其原理是利用电动汽车的储能特性，当电动车停放并连接充电设备时，V2G 系统可以监测电动车电池现况，根据电网需求调整电池的充电或放电状态，使电动汽车在电网负荷较低时接入电网进行充电，在电网负荷过高时向电网馈电，实现电动汽车有序充放电行为，进一步实现其对电网负荷的"削峰填谷"。

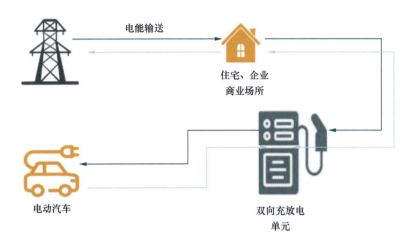

图 1-3 车网互动 V2G 互动模式

V2H（车与家庭互动）：即电动汽车与住宅电能互动。在停电时，电动车作为家庭应急电源为重要设备供电。如果连接了控制盒，家用电动车不仅可以充电，还可以作为额外的储能单元。如果屋顶上有太阳能系统，在电力过剩时，家用充电器会在发电机和储能单元之间建立连接，为汽车电池充电。汽车在晚间停放时，家用充电器检测到家庭电网中可能存在的需求，它就会提供能量。

V2B（车与建筑互动）：即电动汽车与商业楼电能互动。在停电时，电动车作为公共建筑应急电源为重要设备供电，主要解决电网在峰时谷时的电力负荷问题。当电动汽车不使用时，可以通过车辆放电缓解电网峰时负荷过大的压力。反过来，当电动汽车的电池需要充满时，电流可以从电网中提取出来给到电池。

V2X（车路协同）：即车辆物联网，是以行驶中的车辆为信息感知对象，借助新一代信息通信技术，实现车（V）与X（车、人、路、服务平台）之间的网络连接。车辆联网和实时的信息交互，通过V2V（汽车对汽车通信）、V2I（汽车对基础设施通信）、V2N（汽车对互联网通信）和V2P（汽车对行人通信）等来获取超视距或者非视距范围内的交通参与者状态和意图。

V2V（车车互动）：即车车互充技术，就是车辆可以反向供电，可充可放，给局域网供电和大电网供电。其原理是利用每辆车上所搭载的传输单元通过高速无线网络发出信息，周围车辆将实时接收这些无线信息，并同时从自己的车载单元上发出类似的回馈信息，形成一种信息交换的互动过程，实现车与车之间的交流。V2V（车车互动）技术的构成定义见表1-1。

表 1-1 V2V（车车互动）技术的构成定义

简称	定 义
V2V	实现车与车之间的信息通信，能够使车辆和附近其他车辆的行驶状态，避免碰撞的发生
V2I	实现车与道路交通基础设施之间的通信，让车辆提前知道前方情况。例如交通信号灯状态、交通信息牌内容以及通过
V2P	实现车与行人或非机动车之间的信息传递，提供安全警告
V2R	车辆通过传感器识别道路标识，让自动驾驶更轻松。如限速标识、转弯标识等
V2H	实现车与驾驶者之间的信息传递和远程控制，例如远程发动汽车、提前打开空调等
V2N	通过互联网将车辆连接到应用平台或云端，使用应用平台或云端上的服务功能，汽车成为互联网重要终端

第二节 车网互动技术的战略意义

车网互动技术涉及新能源汽车、充换电设施、电力系统等产业链多个环节的车网融合技术实现，可以提高新能源汽车行业的国际竞争力，促进产业链体系转型升级，推动车网互动商业模式创新，有力支撑高质量充电基础设施体系构建和新能源汽车产业高质量发展。因此，推动新能源汽车与智能电网的双向能量互动，具有重要战略意义。

一、支撑新能源汽车规模化接入电网的重要载体

我国新能源汽车产业发展形势向好为车网互动大规模应用奠定良好基础。据中国电动汽车百人会发布成果显示，从短周期来看，2026 年前，新能源汽车市场占有率将快速提升，2024 年将接近 40%，2025 年接近 50%，2026 年超过 50%，新能源汽车占市场的主导地位。从中周期来看，到 2030 年，中国新能源汽车保有量会达到 1 亿辆，市场占有率超过 70%。随着新能源汽车大规模发展，大量充换电设施建设对配电网接入能力造成较大挑战，局部电网的容量短期内没办法提高。

2024 年 1 月 4 日，国家发展改革委、国家能源局等四部门联合发布《关于加强新

能源汽车与电网融合互动的实施意见》，提出加大力度开展车网互动试点示范，明确了车网互动发展目标和重点任务，对提升充换电设施互动水平、加快智能有序充电标准制定、科学核定智能有序充电设施接入容量等方面工作进行了部署，将有效促进智能有序充电技术的推广应用，从而大幅提升配电网对于大规模电动汽车和充换电设施的接入能力，适应电网运行由"源随荷动"向"源网荷储互动"转变，可以促进车、桩、电网等各个环节的技术进步，进而为新型电力系统高效经济运行提供重要支撑。

二、提升新型电力系统灵活性调节的重要手段

随着新型电力系统建设的推进，以风电、光伏发电为主的新能源将逐步取代传统火电成为电能供应的主体，电力系统电力电量时空平衡和安全稳定运行难度将日益加大，对高效灵活调节资源需求不断增加。新能源汽车作为优质储能资源，可在新能源出力高峰时充电、在用电高峰时段放电返送电网，促进新能源消纳和电力平衡。未来，我国新能源汽车规模将持续增长，车网互动能力不断增强，成为新型电力系统不可或缺的储能资源。预计到 2030 年、2060 年，我国新能源汽车保有量将分别达到 1 亿辆、3 亿辆，每辆车按 100 千瓦时电量计算，假设 30% 参与互动调节，调节能力将超过 30 亿千瓦时、90 亿千瓦时，相当于全社会日平均用电量的 10% 和 20%。

然而，新能源汽车的快速发展已对用电负荷特性产生影响。国家电网公司公布的数据显示，2023 年最大充电负荷达到 1844 万千瓦，占同时刻全部用电负荷的 2.96%。未来，随着新能源汽车规模的持续扩大、单车电池容量和功率的不断提高，充电负荷将不断攀高，挤占配电网可用容量，导致用电负荷"峰上加峰"，供电压力加大。预计到 2030 年，最大充电负荷将达到 1.5 亿千瓦左右，占全部用电负荷的 10%。因此，需要加快推进新能源汽车有序充电，通过车网互动缓解供电压力，减少电网扩容升级成本，提升新型电力系统安全性和经济性。

三、推动车网互动商业化模式创新的重要途径

在我国，以市场化手段推动新能源汽车与电网融合互动的目标已提出，但目前尚未达到预期成效，仍存在诸多痛点亟待解决。现阶段，国内大多数车网互动项目依赖峰谷电价差作为盈利模式，商业模式较为单一，难以支撑产业实现规模化发展。此外，大部分地区缺乏成熟的市场机制以协调电动汽车与电网间的能量交易，这不仅限制了资源的有效配置，也降低了用户参与的积极性，构建公平透明的市场规则迫在眉睫。从电动汽车车主角度来说，参与车网互动后面临放电后电池损伤、售后难，充电谷峰价差较小以及个人用户的充电桩商不能参与电能量主力市场等问题，这些因素均阻碍

了车主主动参与车网互动。

除上述问题以外，车网互动灵活性资源参与电力市场仍受诸多因素制约。具体表现为：顶峰型辅助服务市场尚未建立；电网充电设施资源难以直接聚合参与市场；V2G 聚合资源在市场参与地位上，与独立储能电站相比仍存在差距。而车网互动技术贯穿新能源汽车、充换电设施、电力系统等产业链的多个关键环节。通过深入推进跨行业协同技术攻关、系统构建车网互动标准体系，将有力推动车—桩—网技术产业体系的转型升级，显著提升新能源汽车行业的国际竞争力。通过聚合交易等市场环境构建和试点示范创建，可激发各类市场主体积极性，积极投入高水平运营与商业模式创新。

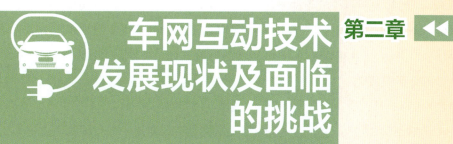

车网互动技术
发展现状及面临
的挑战

第二章

第一节 车网互动技术发展现状分析

一、新能源汽车与充电设施发展现状

（一）国外电动汽车及充电设施发展现状

近几年全球新能源汽车销量持续保持高速增长，渗透率持续提升，到 2030 年，全球乘用车市场规模预计将超过 8000 万辆，其中新能源汽车将接近 4000 万台，新能源渗透率将达 50% 左右，区域发展的差异化将愈发明显。

截至 2023 年，美国电动汽车销量达到 118.9 万辆，同比增长 46%，占新车销售总量的 7%～8%。德国电动汽车销量达到 70 万辆，纯电动汽车销量达到 52.4 万辆，同比增长 11.4%。加拿大新能源汽车销量超过 19 万辆，纯电动汽车销量超过 14 万辆。挪威新车销量 12.6 万辆，新车销售中超过 80% 是电动汽车，电动汽车销量超过 10.4 万辆，比上一年增长 3.1%。日本电动汽车销量年增超五成，超 8 万辆，较上一年上升 0.5 个百分点，史上首度突破 2%。

截至 2024 年 5 月，美国新能源汽车渗透率为 8.74%。截至 2024 年 3 月，欧盟的新能源汽车渗透率为 20.1%。欧洲新能源汽车的发展并不均衡，部分国家渗透率较高，如挪威的新能源汽车渗透率在 2021 年就达到了 65%，并在 2022 年达到 80%，基本实现全面电动化，成为全球新能源汽车渗透率最高的国家。其他国家，截至 2022 年，日本的新能源汽车渗透率仅有 3%，泰国的新能源汽车市场渗透率略高于 3%，印度的渗透率约为 1.5%，印度尼西亚的渗透率约为 1.5%。

目前，美国充电桩数量超过 18.3 万台，车桩比为 17：1；德国充电桩数量约 9.7 万台，车桩比为 12：1；挪威车桩比为 1：1 至 1：2 之间，高于欧洲平均水平；日本充电桩数量约 3 万台，车桩比为 14：1。

（二）国内电动汽车及充电设施发展现状

近年来，我国新能源汽车行业进入规模化、高质量的快速发展阶段。随着新能源汽车销量的增长，充电桩市场需求也得到了释放，充电基础设施保有量高速增长。

新能源汽车的渗透率稳步提升。截至 2023 年底，我国新能源汽车保有量达到 2041 万辆，占汽车总量的 6.07%，私人乘用车占比 68.14%。其中纯电动汽车保有量 1552 万辆，占新能源汽车保有量的 76.04%（如图 2-1 所示）。预计到 2024 年，中国新能源汽车产销规模有望超 1200 万辆，增速约 36%，整体渗透率有望达 40%。预计到 2030 年，新能源汽车渗透率有望达到 60%～70%，全国总保有量将超过 1 亿辆。

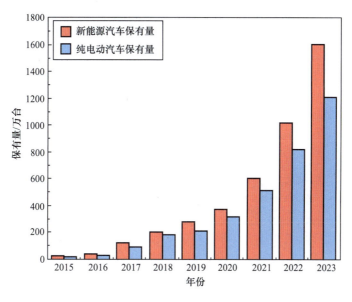

图 2-1　新能源汽车与纯电动汽车保有量

同时，新能源汽车的配套设施不断健全。截至 2023 年底，我国充电基础设施累计达 859.6 万台，同比增加 65%，其中私桩 587 万台，占比 68.3%，私人充电设施占比较高，乘用车与私人充电桩比例为 2.4∶1。我国已建成世界上数量最多、辐射面积最大、服务车辆最全的充电基础设施体系。

充电服务网点密度持续增加，充电便利性大幅提升。2023 年，我国新增公共充电桩 92.9 万台，同比增加 42.7%；新增随车配建私人充电桩 245.8 万台，同比上升 26.6%；高速公路沿线具备充电服务能力的服务区约 6000 个，充电停车位约 3 万个。在公共充电桩中，快充桩数量占比已提升至 44%。换电基础设施建设加快，2023 年，我国新增换电站 1594 座，累计建成换电站 3567 座。

2023 年，我国充电基础设施新增 338.6 万台，同比增长 30.6%；新能源汽车国内销量 829.2 万辆，同比增长 33.5%，桩车增量比为 1∶2.4，基本满足新能源汽车快速发展需求。

（三）电动汽车增长对电网的影响

电动汽车的快速发展带来了巨大的社会和环境效益，但大规模电动汽车接入电网将显著增加电网的总负荷，尤其是在高峰充电时段，可能对电网稳定性和供电能力造成压力。以浙江省居住区充电数据为样本，分析未来电动汽车规模化增长对电网造成的影响，主要包括以下两个方面：

1. 电动汽车充电数据整体概况

（1）负荷方面。

1）宏观数据分析。对 2021—2023 年居住区私人充电桩相关数据进行深入剖析，期间居住区私人充电桩数量从 26.32 万台跃升至 110.62 万台，年均增长率高达 105%；充电容量从 239.77 万千瓦增长至 992.73 万千瓦，年均增长率为 103%；最高充电负荷从 25.87 万千瓦攀升至 164.18 万千瓦，年均增长率达 152%。具体趋势如图 2-2 所示，居住区私人充电桩台数、充电容量、最高充电负荷等关键指标上均呈现出逐年稳步上升的态势。

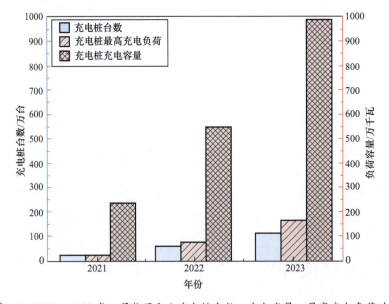

图 2-2　2021—2023 年，居住区私人充电桩台数、充电容量、最高充电负荷对比

　　2）典型日负荷数据分析。对居住区私人充电桩进行典型日负荷数据进行分析，选取每月最高充电负荷当日作为分析样本。2021—2023 年居住区私人充电桩典型日最高充电负荷占比曲线如图 2-3 所示。最高充电负荷占比从 2021 年的 0.43% 稳步攀升至 2023 年的 2.11%，经计算得出年均增长率达 121%。由此可见，居住区私人充电桩最高充电负荷占比呈逐年显著上升态势。

　　2023 年 12 个月典型日电网负荷、居住区私人充电桩负荷曲线分别（如图 2-4、图 2-5 所示）。由图可知，除 11 点、13 点的负荷高峰外，在 22 点出现因充电负荷的增加而出现显著的尖峰。以 2023 年电网负荷最高的典型日（2023 年 7 月 15 日）为例分析，当日 11 点高峰负荷为 10377.72 万千瓦，私人充电桩负荷为 9.11 万千瓦，占比仅 0.088%；13 点的高峰负荷达到 10604.47 万千瓦，私人充电桩负荷为 11.49 万千瓦，占比 0.108%。然而，22 点高峰负荷为 9348.41 万千瓦，私人充电桩负荷却高达 30.73 万千瓦，占比 0.328%。

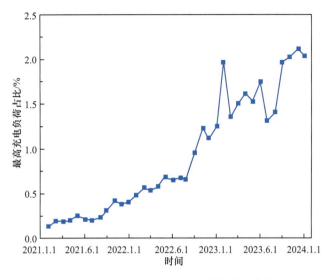

图 2-3　居住区私人充电桩典型日最高充电负荷占比

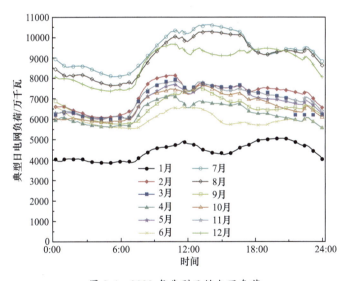

图 2-4　2023 年典型日的电网负荷

　　通过数据对比可以发现，私人充电桩负荷在晚峰时段的占比最大，这主要是因为 22 点为浙江省谷电开始时段，在分时电价政策的引导下，电动汽车用户倾向于该时段集中充电，从而导致充电负荷的时段性聚集。未来，随着居住区私人充电桩数量的增加，若不采取有效的调控的措施，晚峰时段的负荷尖峰会更加明显，对电网的安全稳定运行构成潜在威胁。

　　3）负荷预测分析。根据目前最高充电负荷年均增长率 152%，考虑电动私家车逐渐饱和后最高充电负荷年均增长率的降低，按照目前增长率的四折，测算 2024—2030 年私人桩负荷增长情况，预计到 2030 年居住区最高充电负荷 4564 万千瓦。按照电网最大负荷增长率 8.16%，预计 2030 年电网最大负荷 15114 万千瓦。预计到 2030 年居住区最高充电负荷占电网最大负荷的 30.2%，电动汽车资源成为电网削峰填谷的重要资源。

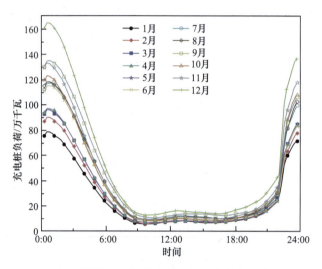

图 2-5　2023 年典型日常居住区私人充电桩负荷

（2）电量方面。

1）宏观数据分析。2021—2023 年期间，居住区私人充电桩的用电量由 4.50 亿千瓦时增长至 26.18 亿千瓦时，年均增长率为 57.89%。私人充电桩的年用电量占比由 0.082% 增长至 0.425%，年均增长率为 127.66%。2021—2023 年居住区私人充电桩月用电量及占比情况分别如图 2-6、图 2-7 所示，居住区私人充电桩的月用电量及其占比同样呈现出逐年稳步上升的趋势。

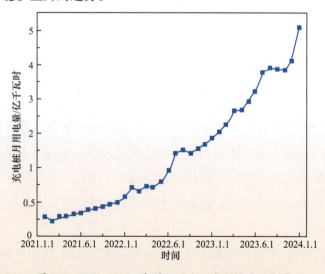

图 2-6　2021—2023 年居住区私人充电桩月用电量

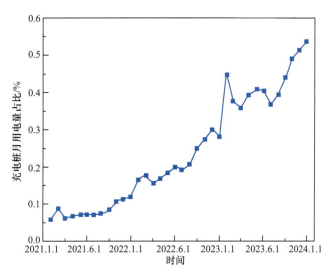

图 2-7　2021—2023 年居住区私人充电桩月用电量占比

　　2）电量预测分析。按照居住区私人充电桩年用电量年均增长率 57.89%，考虑电动私家车逐渐饱和后私人充电桩年用电量年均增长率的降低，按照目前增长率的四折，测算 2024—2030 年私人桩用电量增长情况，预计到 2030 年居住区私人充电桩年用电量 113 亿千瓦时。按照社会用电量年均增长率 5.79%，预计到 2030 年社会年用电量为 9133 亿千瓦。居住区私人充电桩年用电量占全社会用电量的 1.24%，私人充电桩年用电量占比不高，对电网的整体影响有限。

　　2. 电动汽车快速增长对电网造成的影响

　　（1）新的挑战。新型电力系统"双高""双峰"特征明显，未来充电负荷占比较高，叠加电动汽车在时间和空间上的充电集聚特性，将进一步拉大电网负荷峰谷差，造成区域配电网短时过载，居民新建充电桩报装困难，增加电力电量平衡和运行优化的难度，对电网基础设施，如配电容量、网架结构提出新的挑战。

　　（2）新的资源。海量电动汽车充电资源可为电网提供巨大的调节支撑能力，据测算，2030 年全国新能源汽车保有量将突破 1 亿辆，若有 40% 的电动汽车参与调控，按照同时率 2%、单个车辆充电功率 7 千瓦估算，最大可提供 560 万千瓦可调资源；把电动汽车视作等效储能电池，平均每辆车电池容量约 65 千瓦时，若有 10% 的电动汽车参与充放电调控，按照同时率 2%、单个车辆充放电功率 15 千瓦、60% 电池容量用于充放电估算，可形成 300 万千瓦 /780 万千瓦时的储能资源。

二、居住区有序充电现状

（一）有序充电的概念

1. 有序充电定义

我国能源行业标准 NB/T 11305.2—2023《电动汽车充放电双向互动　第 2 部分：有序充电》指出，有序充电是运用经济或技术措施进行引导和协调，按一定策略对电动汽车进行充电。

清华大学车辆与运载学院欧阳明高院士指出，有序充电是通过改变电动汽车充电时间或充电速率，实现削峰填谷，减少电网功率需求。

英国政府对有序充电作如下定义：Smart charging allows EV charging to be intelligently controlled，so the charging occurs when the electricity network has surplus capacity or there is less demand (such as overnight) and electricity is cheaper.it can reduce the electricity system's reliance on back-up generators.

综上，有序充电是运用经济或技术措施，引导和协调电动汽车改变充电时间或充电速率，实现削峰填谷，确保电网安全、经济运行，继而实现电动汽车与电网协调发展。

2. 有序充电实现方式

（1）充电价格引导。根据电网分时电价、峰谷电价和实时电价等电价政策，用户以节省电费为目的，自主在负荷低谷时段充电。

（2）技术调控方式。建立统一的调控体系和管理平台，根据电网运行的需求，向充电运营商或者私人充电桩下发调控指令，实现对充电时间或充电功率的调节。

（二）国内外有序充电发展现状

目前国内外主要通过分时电价和电力市场引导用户参与有序充电。一方面，电动汽车使用可根据峰谷分时电价政策，结合自身用车习惯，在谷时增加充电、峰时减少用电，节省电费支出的同时，实现电网削峰填谷；另一方面，还可以通过聚合商参与电力市场交易，在辅助服务、需求响应等方面获得收益。此外，国外参与主体多元、应用场景丰富，主要得益于车桩网的协议开放、电力市场化程度高，而国内的分时电价机制、标准协议和电力市场等还有待完善。

1. 国外有序充电开展现状

为实现削峰填谷、降低电网负荷，多个国家的政府和企业都在积极推进居民有序充电的发展，如早在 2016 年丹麦开展的 V2G 调频辅助服务，2023 年意大利电网运营商 Terna 主导的电动汽车聚合于"虚拟电厂"参与辅助服务。荷兰则通过车 - 桩 - 网开放式通信协议，建立了即插即用式的有序充电机制，用户无须绑定任何充电运营商，即可在任一公共充电站使用，并参与可再生能源的消纳。荷兰充电系统示意图如图 2-8 所示。

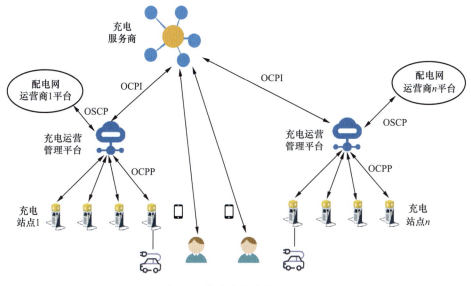

图 2-8　荷兰充电系统示意图

目前，国外电动汽车有序充电试点覆盖了从局部配网优化（包括现货市场电力平衡、需求响应、旋转备用服务、线路阻塞等）到全网优化（如削峰填谷、新能源消纳、备用电源等）的全应用场景。参与主体类型丰富，涵盖电动汽车租售企业、充电设施供应商、电力公司、车网互动平台运营商、高校及科研单位、政府机构等，形成了多元协同的生态圈，共同探索车网互动的多种商业模式。

2. 国内有序充电开展现状

国内基于分时电价和技术调控等手段的有序充电已经开展了一定的研究和探索。

（1）分时电价引导方面。全国已经有 19 个省（市）采取了用户自愿或者强制执行的居民分时电价。以重庆为例，在 2023 年 6 月 1 日出台居民小区分时充电电价，峰时段在平段基础上提高 0.1 元 / 千瓦时，低谷时段在平段基础上降低 0.18 元 / 千瓦时。5 月与 7 月典型日居民充电桩负荷数据（如图 2-9 所示），分时电价执行后，居民充电负荷高峰明显向夜间谷段（0 点至 8 点）集中转移，充电负荷调节特性显著。

通过合理加大峰谷价差可以较好地影响居民充电行为习惯，引导晚间居民小区充电负荷向夜间谷段转移，起到削峰填谷作用。

（2）技术调控方面。全国已有多个省市通过技术调控开展了有序充电的相关探索，包括通过智能融合终端、智能电表、分布式电源接入单元以及系统平台等多种方案，以杭州供电公司为例，2024 年，杭州供电公司基于物联电表技术规范，打通了车 - 充电桩－电表－集中器－用电信息采集系统-网上国网的双向通信，通过柔性控制充电桩的输出电流，实现对电动汽车充电功率和时间的调控。该方案在杭州滨成科创公寓、三秋花苑、融创森与海等三个居民小区开展 200 套有序充电装置的安装调试和推广应用。经过现场测试，发现可降低单个台区的峰谷差 50%，提高电动汽车接入数量 2 ~ 4 倍。

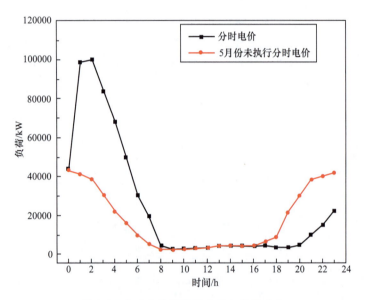

图 2-9　分时电价调整前后充电负荷对比

（3）新能源消纳方面。山西依托智慧车联网平台、电力交易平台和用电信息采集系统，抓住新能源弃风弃光时段与电动汽车充电时段契合的特性，开展"新能源＋电动汽车"协同互动，采取"中长期＋日前"模式，引导电动汽车用户低位电价充电，推动新能源汽车与新能源企业共同发展。2023 年山西"新能源＋电动汽车"协同互动共响应 43 次，累计出清电量 978.97 兆瓦时，响应结算电量 34.33 兆瓦时，出清最大负荷 19.07 兆瓦，最大响应负荷 24.56 兆瓦。居住区私人电动汽车参与需求响应、现货市场、辅助服务等方面，国内暂未开展相关探索。

（三）有序充电开展的意义

目前，电动汽车正从"无序充电"转入"有序充电"阶段，根据国内外典型案例，从政府、电网、车（桩）企以及用户角度，有序充电均有积极的意义。

1. 对政府方面的意义

有序充电模式符合新型能源体系战略方针。2023 年 10 月，国家能源局发展规划司司长李福龙发表《坚持系统观念加快规划建设新型能源体系》的文章。文章指出，综合各方研究和认识，新型能源体系具备至少具有"四新一强"的特征。

其中"两新"值得重点说明：一是一次能源形态新，新型能源体系将由以绿电为核心的新型电力系统、氢能等新二次能源系统以及化石能源零碳利用系统构成；二是产业体系新，新型能源体系催生新技术、新产业、新模式，也伴随着新一代信息技术和人工智能等领域能源系统的深度融合。有序充电模式正在积极融合和促进产业体系发展创新。通过有序充电促进全社会的资源优化配置，构建低碳高效的用能体系，推动新能源汽车发展。

2. 对电网方面的意义

有序充电可缓解电网压力。电动汽车规模化增长催发了充电需求的井喷，大规模电动汽车充电必将成为电网安全运行中不可忽视的影响因素。通过有序充电控制策略可提升电网运行的安全性、经济性，减小峰谷差、尽量延长配电网投资周期，促进新能源消纳，可作为灵活荷储资源参与电网调节，对电网乃至能源互联网的发展意义重大。

3. 对车（桩）企方面的意义

提高充电设施的运营效率和盈利能力。通过积极参与智能有序充电产品的开发和应用，扩大技术优势；推出满足智能有序充电技术要求的产品，为电动汽车用户提供更加优质的充电服务，提升市场占有率；部分省份车（桩）企还可为电网提供调频辅助服务，获得额外补贴。

4. 对用户方面的意义

提升电动汽车用户的充电体验和服务。有序充电能够确保用户在需要的时候能够顺利充电，可减少充电费用，甚至获取额外补贴；在满足车辆充电需求的同时还能优化充电时间成本和精力成本，提升用车的便捷性，降低车辆使用成本。

三、车网互动技术政策和标准现状

（一）车网互动配套政策标准现状

与发达国家相比，我国车网互动产业正处于商业化初期向规模化发展的关键阶段。要促进行业健康良性发展，加快培育壮大车网互动新型产业生态，迫切需要加强顶层设计；2012 年以来，国务院、国家能源局等相关部门出台了多项重要政策，具体政策标准详见表 2-1。

表 2-1　车网互动相关政策标准

文件名称	主要内容
国务院办公厅发布《节能与新能源汽车产业发展规划（2012—2020年）》	提出开展车网融合技术研究和应用，探索新能源汽车作为移动式储能单元与电网实现能量和信息双向互动的机制

续表

文件名称	主要内容
国务院办公厅发布《关于加快电动汽车充电基础设施建设的指导意见》（国办发〔2015〕73号）	首次明确了我国充电基础设施政策的顶层设计，提出促进电动汽车与智能电网间能量和信息的双向互动
国务院办公厅发布《新能源汽车产业发展规划（2021—2035年）》（国办发〔2020〕39号）	提出"推动新能源汽车与能源融合发展。加强新能源汽车与电网（V2G）能量互动。鼓励地方开展V2G示范应用，实现新能源汽车与电网能量高效互动，降低新能源汽车用电成本，提高电网调峰调频、安全应急等响应能力。"
国家发展改革委等部门《关于进一步提升电动汽车充电基础设施服务保障能力的实施意见》（发改能源规〔2022〕53号）	提出加强车网互动等新技术研发应用。推进车网互动技术创新与试点示范
国家发展改革委 国家能源局《关于加快推进充电基础设施建设 更好支持新能源汽车下乡和乡村振兴的实施意见》发改综合〔2023〕545号	提出推广智能有序充电等新模式。鼓励开展电动汽车与电网双向互动（V2G）、光储充协同控制等关键技术研究，探索在充电桩利用率较低的农村地区，建设提供光伏发电、储能、充电一体化的充电基础设施
国务院办公厅发布《关于进一步构建高质量充电基础设施体系的指导意见》（国办发〔2023〕19号）	应提升车网双向互动能力。大力推广应用智能充电基础设施，新建充电基础设施原则上应采用智能设施，推动既有充电基础设施智能化改造。加强电动汽车与电网能量互动，提高电网调峰调频、安全应急等响应能力，推动车联网、车网互动、源网荷储一体化、光储充换一体站等试点示范
国家发展改革委发布《关于加强新能源汽车与电网融合互动的实施意见》（发改能源〔2023〕1721号）	明确提出车网互动的中长期发展目标，鼓励全面推进有序充电应用和V2G模式示范
国家能源局批准发布了国内首批车网互动领域行业标准	1. NB/T 11305.1—2023《电动汽车充放电双向互动　第1部分：总则》 作为电动汽车充放电双向互动的基础标准，规范了电动汽车通过充放电设备与电网或负荷构成充放电双向互动系统时的体系架构、参与方、互动功能、运行方式和应用场景；适用于电动汽车通过充放电设备/有序充电设备与电网互动的系统设计、建设及运行。 2. NB/T 11305.2—2023《电动汽车充放电双向互动　第2部分：有序充电》 明确了有序充电系统中有序充电管理系统、有序充电管理终端、有序充电设备、电动汽车等相关组成元素的功能要求、技术要求和信息安全防护要求，给出了电动汽车与充电桩休眠唤醒技术方案；适用于电动汽车有序充电系统的设计、建设、运行和维护等

（二）国内外有序充电政策标准现状

1. 国外有序充电政策标准现状

（1）国外政策现状。德国、荷兰、法国、英国等多国，通过补贴充电设施建设和提供税收优惠等措施来支持电动汽车的推广。美国通过联邦和州级政策支持研究和开发更高效的充电技术；荷兰阿姆斯特丹市政府，对市内 1/3 的公共充电桩进行升级以支持智能有序充电功能；英国政府为支持有序充电的家用充电桩提供补贴，具体政策详见表 2-2。

表 2-2　国外有序充电相关政策

国家	类型	主要内容
德国	充电基础设施补贴政策	德国充电基础设施补贴与功率挂钩。德国对于公共充电桩按照功率、电压进行不同级别补贴，要求比较细致，与我国地方基础设施补贴的思路类似。对于私人充电桩，房屋所有人、房屋承租人、住宅区开发商均可申请最高 900 欧元的充电基础设施建设补贴
	用车税收优惠政策	1. 个人用车税收优惠： （1）2025 年 12 月 31 日前注册的纯电动汽车和氢燃料电池汽车可享有 10 年免征机动车税，免税期至 2030 年 12 月 31 日。 （2）对二氧化碳排放量 ≤ 95 克 / 公里的车辆免征年度流通税。 2. 企业用车税收优惠 （1）减少纯电动汽车和插电式混合动力汽车的应纳税额（按照每月基于车辆总价的 0.5% ～ 1%）。 （2）对于总价低于 €60000 的纯电动汽车，进一步减少纳税金额（按照每月基于车辆总价的 0.25% ～ 1%）
	购车补贴政策	（1）从 2023 年 1 月 1 日起，只有新的和二手的纯电动汽车和燃料电池汽车才能获得购买补贴，由政府（三分之二）和企业（三分之一）共同提供资金进行补贴： ● 售价 ≤ 40000 欧元的新车补贴：6750 欧元 ● 40000 欧元 ≤ 售价 ≤ 65000 欧元的新车补贴：4500 欧元 （2）从 2023 年 9 月 1 日起，只有个人购买者才能申请。从 2024 年 1 月 1 日起，补贴金额将减少，同时申请条件将更加严格。 （3）2023 年 9 月起已经对 to B 端纯电车型取消补贴，计划 to C 补贴保留至 2024 年底，且 2024 年补贴标准调整为售价低于 4.5 万欧元的纯电车型补贴 4500 欧元，其余车型不予补贴

国家	类型	主要内容
英国	充电基础设施补贴政策	英国充电基础设施建设根据使用场景进行补贴。基础设施补贴方面，从补贴、税收优惠、地区激励等方面促进充电基础设施网络建设。其中补贴分为居家、工作场所、住宅区等进行场景补贴，居家、工作场所的最高补贴为 350 英镑，住宅区临街补贴标准为 6500 英镑。对于公司安装充电基础设施，可获得 100% 的税务津贴
	用车税收优惠政策	企业用车税收优惠：对于使用纯电动汽车和低排放车型（二氧化碳排放量低于 75 克/公里）的企业实行优惠税率
	激励措施政策	1. 购车补贴：将乘用车车辆置换成无障碍车辆，可获得 35% 的折扣（最高 2500 英镑）。车辆需满足以下条件： ● 具有零二氧化碳排放； ● 可以在零排放的情况下行驶不小于 112 公里； ● 成本低于 35000 英镑（不包括转换成本）。 2. 充电设施补贴： （1）电动汽车家庭充电补贴：适用于业主或租客在住宅中安装家庭充电设施。 （2）工作场所充电补贴：适用于企业的电动汽车充电设施安装补贴，最高可覆盖 75% 的费用，每个插头最高可获得 350 英镑的补贴（最多 40 个）
荷兰	充电基础设施补贴政策	荷兰的规划与补贴政策基本针对公共充电桩建设，目前共有两种方式，分别为环境投资免税与环境投资随机折旧。虽然私人充电桩没有补贴，但是居民可以随时申请免费安装公共充电桩以满足使用要求
	用车税收优惠政策	1. 购车税收优惠：对于零排放汽车免税。 2. 个人用车税收优惠：零排放车辆免税，插电式混合动力汽车车辆征收 50% 关税。 3. 企业用车税收优惠： （1）企业使用零排放车辆享受最低税率 16%； （2）纯电动汽车税费最高不超过 3 万欧元；燃料电池汽车没有上限
	激励措施政策	购车补贴： （1）个人购买/租赁小型或紧凑型纯电动汽车，无论是新车还是二手车，都享有补贴计划（SEPP）； （2）对于配备太阳能电池板的燃料电池汽车或出租车以及纯电动汽车都享有环境投资任意折旧计划（Vamil）

国家	类型	主要内容
法国	充电基础设施补贴政策	根据计划，法国政府将向"充电基础设施计划"追加 2 亿欧元公共补助，用于支持家庭和街道充电桩的安装以及重型卡车专用充电桩的发展。对家庭购买、安装充电桩的税收抵免额度将从 300 欧元提高至 500 欧元
	用车税收优惠政策	1. 购车税收优惠： （1）部分地区为新能源汽车（即 BEV、HEV、CNG、LPG 和 E85 车型）免征全部或者 50% 的税费。 （2）对纯电、燃料电池和插混（续航 50km 以上）的车型免除基于质量的高排放税。 2. 企业用车税收优惠： 企业车辆中，二氧化碳排放量低于 60 克 / 公里的车辆（柴油车除外）免收二氧化碳税
	激励措施政策	购车补贴： （1）购买纯电动汽车或燃料电池汽车，如果车辆售价不超过 4.7 万欧元，个人购买者可以获得 5000 欧元补贴，企业可获得 3000 欧元补贴。 （2）纯电动汽车或燃料电池汽车置换时，如果车辆价格＜ 4.7 万欧元，可根据收入获得补贴，最高可达 6000 欧元

（2）国外标准现状。ISO、IEEE 等国际权威组织和相关机构颁布了一系列电动汽车及有序充电相关标准，具体标准详见表 2-3。

表 2-3　国外有序充电相关标准

权威机构	主要内容
ISO	ISO 15118-20:2022《Road vehicles—Vehicle to grid communication interface-Part 20: Network and application protocol requirem-ents》 规定了电动汽车与充电桩通信用的数字协议（包括双向通信、信道加密、认证、授权、充电状态、离开时间等信息），支持 V2G
IEEE	IEEE 2030.5《Smart Energy Profile 2.0 Application Protocol》定义了用于电网与智能终端通信的 TCP/IP 应用协议，支持电动汽车与电网之间的智能互动
美国汽车工程师协会	制定的 SAE J2836 系列标准，规范了电动车辆与电网间通信的用户场景、电动车辆与直流充电桩间通信的用户场景以及电动车辆与分布式能量源间通信的用户场景等
荷兰开放充电联盟	制定的《Open Charge Point Protocol》（OCPP，开放充电协议）规定了充电桩同充电运营管理系统的交互协议，支持智能充电、V2G 等高级应用。《Open Smart Charging Protocol》（OSCP，开放式智能充电协议）协议规定了充电运营商和配电运营商间的交互协议，支持交互未来 24 小时配电可用电力容量等信息。通过 OCPP 和 OSCP 的支持，充电运营商可以根据电网的状况和用户的需求，优化制定充电策略、调整充电功率

2. 国内有序充电政策标准现状

（1）国内政策现状。随着新能源汽车的大规模发展，智能有序充电基础设施的需求与日俱增，国家及地方层面在近两年高频次出台了支持加强有序充电能力的政策文件，具体政策详见表 2-4。

表 2-4　国内有序充电相关政策

文件名称	具体内容
国家发展改革委、国家能源局联合发布的《关于促进智能电网发展的指导意见》（发改运行〔2015〕1518 号）	首次提出"电动汽车有序充电"。推广电动汽车有序充电、V2G（Vehicle-to-Grid）及充放储一体化运营技术。加快建设电动汽车智能充电服务网络；建设车网融合模式下电动汽车充放电智能互动综合示范工程
国家发展改革委、国家能源局联合印发《清洁能源消纳行动计划（2018—2020 年）》（发改能源规〔2018〕1575 号）	明确鼓励并引导电动汽车有序充电
国务院办公厅印发《新能源汽车产业发展规划（2021—2035 年）》	提出加强智能有序充电、大功率充电、无线充电等新型充电技术研发，提高充电便利性和产品可靠性
国家发展改革委等十部委联合印发《关于进一步提升电动汽车充电基础设施服务保障能力的实施意见》（发改能源规〔2022〕53 号）	鼓励推广智能有序充电。各地发展改革委、能源部门要引导居民参与智能有序充电，加快开展智能有序充电示范小区建设，逐步提高智能有序充电桩建设比例。鼓励将智能有序充电纳入充电桩和新能源汽车产品功能范围，加快形成行业统一标准
国家发展改革委等四部门联合印发《关于加强新能源汽车与电网融合互动的实施意见》（发改能源〔2023〕1721号）	要优先完成有序充电场景下的交互接口、通信协议、功率调节、预约充电和车辆唤醒等关键技术标准制修订，加强政策扶持，推广智能有序充电，大力培育车网融合互动的新型产业生态
国家能源局印发《2024 年能源工作指导意见》（国能发规划〔2024〕22 号）	提出持续优化城市、公路沿线和居民社区充电网络，探索开展车网双向互动
北京市城市管理委员会正式印发了《2023 年北京市电动汽车充换电设施建设运营奖励实施细则》（京管发〔2023〕11 号）	1. 明确了针对新建（含改扩建）的 V2G、光（储）充、有序充电桩等示范充电设施的建设奖励政策。 2. 根据实施细则，此次奖励的对象主要为在 2022 年 6 月 1 日—2023 年 8 月 31 日期间新建（含改扩建）的 V2G、光（储）充、有序充电桩等示范充电设施，并且这些设施不包括公交等专用桩和社会公用充电桩。 3. V2G、光（储）充、有序充电桩等示范充电桩建设奖励（不含公交等专用桩、社会公用充电桩）：300 元/千瓦

续表

文件名称	具体内容
上海市政府发布《上海市鼓励电动汽车充换电设施发展扶持办法》	提出支持共享充电示范小区建设。从 2022 年起，凡是通过认定并建成的 A 类示范小区，将获得充电设备金额 50% 的财政资金补贴。 A 类示范小区特指那些利用小区自有停车位建设共享充电设备的小区，原则上为 2005 年前建成的老旧小区。这些小区在符合以下三方面要求后，即可申请成为 A 类示范小区： 1. 规模升级，充电无忧：小区的停车位上进行扩建建设。扩建的充电停车位将不少于 3 个。 2. 智能共享，高效便捷：为了让充电停车位得到更合理的利用，采用分时共享智能有序调节模式。 3. 规范管理，责任明确：由专业的充电公司负责建设和运营管理。同时，小区业主大会、物业服务企业也将给予全力支持，并与充电企业签订三方协议，明确三方责任义务
南京市交通运输局和南京市财政局携手发布了《南京市 2021 年度充电设施建设运营财政补贴办法》	为"有序充电"充电设施出台了专项补贴，标志着南京在新能源汽车充电设施建设领域再次走在了全国前列。 根据《办法》规定，充电设施财政补贴分为两大部分：新建充电设施建设补贴和充（换）设施运营补贴。 1. 充电设施建设补贴：现在，只要在居民区建设统一运营管理、具备有序充电功能的公共交流桩，就能享受到每千瓦补贴 200 元的优惠。 2. 充（换）电设施运营补贴：除了建设补贴外，还为在居民区统一建设运营且具备有序充电功能的公共充电设施提供运营补贴。具体补贴标准为 0.05 元／千瓦时
成都市经济和信息化局发布《成都市电动汽车充（换）电基础设施建设运营财政补贴实施细则（征求意见稿）》	明确将大力支持既有居民小区规模化增设充电设施，并实行"统建统管、有序充电"的管理模式。 对开展"统建统管、有序充电"的充电设施建设运营企业给予补贴。具体补贴标准为按车位给予 3000 元／桩的建设补贴

（2）国内标准现状。国内能源行业充电设施标准体系中国家标准从充电接口及通信协议、充电设备及关键元器件等方面已逐步建立了标准体系。针对有序充电的体系架构、信息交互及装置功能要求等工作，也建立了一系列行业、团体和企业标准，体系逐渐完善，具体标准详见表 2-5。

表 2-5　国内有序充电相关标准

类型	现状	主要内容
国标	共 2 项标准、已发布 1 项、在制定 1 项	1. GB/T 18487.1 规定了电动汽车和供电设备之间的连接、车辆接口和供电接口的特殊要求、供电设备的结构要求等
		2.《能源互联网与电动汽车互动规范》规定基于能源互联网与电动汽车互动系统，面向充换电服务、有序充电、需求响应、应急支撑等业务需求，应实现电动汽车与能源互联网各组成部分之间的能量交互，保障能源互联网的经济高效运行
行标	已发布 8 项	1. NB/T 11305.1—2023 规定了电动汽车通过充放电设备与电网或负荷构成充放电双向互动系统时的体系架构、参与方、互动功能、运行方式和应用场景，提出电动汽车充放电资源可根据电网功率调节需求或价格信息，通过充放电设备 / 有序充电设备调节充放电启停和功率，参与有序充（放）电
		2. NB/T 33029—2018 规定了电动汽车充电与间歇性电源协同调度的技术架构和技术要求
		3. NB/T 33017—2023 规定了电动汽车智能充换电服务网络运营服务系统（以下简称运营服务系统）的系统构成、系统功能等，宜具备有序充电管理功能，制定和管理有序充电控制策略，保障电网运行稳定，达到削峰填谷、降低网损、提高设备利用率的目的，提出充换电运营服务系统由充换电服务平台、充换电服务客户端等组成，采用集中部署模式。根据业务需要与充换电设施监管平台、充换电服务平台、第三方支付系统、停车场管理系统等交互
		4. DL/T 1764—2017 规定了电力用户有序用电价值评估方法。DL/T 2404.1—2021 规定了电力需求侧管理应建设信息系统，创新用电管理模式，促进多能源系统信息互联互通，加强用电数据分析预警能力，实现用电全过程息化、自动化、智能化、可视化等
		5. DL/T 2404.2—2021 规定了包括有序充电在内的电力需求侧管理通用基本术语和专业术语。DL/T 2424—2021 规定了智能电网主要领域的术语和定义，包含通用、新能源发电及并网、智能输电、智能变电、智能配电、智能用电、智能调度、市场、高级计量、信息通信、智能电网标准化几个方面
团标	已发布 1 项	T/CEPPEA 5019—2023 规定了电动汽车有序充电设备的总体要求、功能要求、技术要求、试验要求、标志、包装、运输、贮存等方面的要求，提出有序充电设备需要预留与聚合平台终端 CAN、ETH、4G、5G、HPLC 等接口

类型	现状	主要内容
企标	已发布 4 项	1. Q/GDW 11853.2—2018 规定了电力需求响应系统的系统组成及参与者、需求响应服务系统功能及要求、需求响应聚合系统功能及要求、需求响应终端功能及要求，规定系统应针对调峰、调频、系统备用、可再生能源消纳等不同场景下的资源调用需求，自动制定需求响应计划并支持人工根据实际情况进行修改；需求响应计划应包括拟实施需求响应的供电区域信息、负荷缺口或可再生能源消纳需求信息、拟调用的响应资源容量信息、拟供用户选择参与的需求响应项目类型、计划发布的用户、用户可响应容量等
		2. Q/GDW 12183—2021 规定了电动汽车交流有序充电桩的基本构成、功能要求、技术要求，以及性能试验方法、标志、包装、运输和贮存的要求
		3. Q/GDW 12170—2021 规定了电动汽车交流有序充电桩与上级系统（包括但不限于车联网平台、融合终端）之间的通信规则和连接方式
		4. Q/GDW 12171—2021 规定了电动汽车交流有序充电桩（以下简称有序充电桩）的检验规则和试验方法
地标	已发布 4 项具备代表性的标准	1. 上海市地标 DB31/T 1296—2021 对参与上海市需求响应的智能充电桩应具备的功能进行明确，是目前上海市智能充电桩参与需求响应市场的主要测试依据之一
		2. 深圳市场监督管理局发布的 DB4403/T 222—2021 规定了智能充电桩（机）与中心运营管理平台数据通信的基本要求、充电通信流程以及接口规范。DB4403/T 342—2023，规定了电动汽车有序充电和充放电双向能量互动系统的架构、信息交互、有序充电设备、V2G 充放电设备等的技术要求
		3. 江苏省发布的 DB3212/T 1030—2021 规定了电动汽车充电系统节能技术的术语和定义，以及充电设备、充电电缆、辅助设备、电动汽车与电网互动等节能相关技术要求

（三）浙江车网互动配套政策标准现状

近年来，浙江正在积极推进车网互动配套政策，引导用户广泛参与智能有序充电和车网互动，鼓励开展新能源汽车与电网互动应用试点示范工作，具体政策标准详见表 2-6。

表 2-6　浙江车网互动相关政策标准

文件名称	具体内容
《浙江省加快新能源汽车产业发展行动方案》（浙发改产业〔2023〕1号）	探索新能源汽车与智能电网（V2G）高效联动，积极开展光储充放一体化试点
《浙江省完善高质量充电基础设施网络体系促进新能源汽车下乡行动方案（2023—2025年）》（浙政办发〔2023〕42号）	实现车一桩一网跨界融合发展。鼓励生产企业将智能有序充电、储能接口纳入充电设施和新能源汽车产品功能范围，加快大功率充电、无线充电、光储充协同控制技术等研发应用。增强新能源汽车、充电设施智能聚合响应能力，推动与电信网、交通网、电力网、车联网能量互通、信息互联，实现车网互动调节和源网荷、光储充一体化发展
杭州市2016年新能源汽车推广应用地方配套补助办法	对共用和公用充换电设备（站、桩、装置）按实际投资额给予20%的补助
《杭州市推进新能源电动汽车充电基础设施建设运营实施办法（修订）》的通知（杭政办函〔2023〕75号）	鼓励采用大功率充电、智能有序充电、无线充电等新技术。加强电动汽车与电网能量互动
杭州市住宅工程户内外配电设计技术导则	提升新建住宅小区充电桩配套设施建设标准
《宁波市电动汽车充电基础设施奖励补贴资金使用管理实施细则（2023年本）》	根据细则规定，从2023年1月1日至2025年12月31日，新建成投运的急需布局的基础公益保障性充电（不含换电）设施、智能车网互动充放电设施的设备，将享受建设投资奖励补贴。 计算依据：普通直流快充桩按设备铭牌功率、采用智能负荷分配充电站充电设备按最大同时可充功率、智能车网互动充放电设施设备按放电功率；奖励补贴标准为不高于240元/千瓦。单个项目（站点）奖补金额不高于50万元
温州市发展和改革委员会关于进一步加强电动汽车充电基础设施建设运营管理的意见（温发改能源〔2022〕137号）	按照适当超前的要求，分类有序地推进电动汽车充电基础设施建设
《湖州市本级新能源汽车推广应用地方补助实施办法》（湖政办发〔2020〕31号）	明确小区智能化充电改造成为政策扶持的重点，符合条件的项目将享受高额补助。 根据政策规定，对于新建住宅小区充电设施规划设计符合要求的，由电力部门或业主单位牵头，完成100%配套建设并开展智能有序充电示范的，将给予每个小区一次性补助5万元
《台州市关于完善高质量充电基础设施网络体系促进新能源汽车下乡的实施意见（2023—2025年）》（台政办发〔2023〕43号）	鼓励技术创新和应用，加快大功率充电、车网联动（V2G）、光储充协同控制技术、装配式充电站等研发应用

四、车网互动技术市场机制与商业模式

（一）国内外车网互动市场机制与商业模式

1. 国外车网互动市场机制与商业模式

荷兰 80% 的公共充电桩加载智能有序充电功能，可以随时被激活，不仅支持电动汽车用户在不绑定任何充电运营商的前提下，在任一公共充电站实现"即插即充"，也能够广泛地支持智能有序充电，延缓配电网增容投资，并在可再生能源发电时段参与消纳；英国政府的电动汽车家庭充电计划（UK Electric Vehicle Homecharge Scheme）规定，自 2019 年起，只有支持有序充电的充电桩，才有资格获得政府补贴支持；美国佛蒙特州的电网企业提出，只要车主允许电网企业控制 Powerwall 储能设施和车辆充电，并提供电网服务，该电网企业将为特斯拉车主支付安装 Powerwall 储能设施和充电桩的费用。电网企业则通过有序充电或者 V2G 方式赚取电价峰谷差或获得电力市场收益，填补前期设备投入。

在车网互动项目方面，国外参与主体类型丰富多样，涵盖电动汽车租售企业、充电设施供应商、电力公司、车网互动平台运营商、高校及科研单位、政府机构等。以英国为例，典型的车网互动市场化运行模式中，车网互动平台运营商处于核心地位，作为整个需求侧管理的通信中心，通过与电动车供电设备和电动车的通信，实时平衡对每辆汽车的技术能力。在该模式下，电动汽车供应商、充放电设施供应商和电网公司均可在车网互动平台上进行交易匹配。当接收到来自电网公司的需求响应指令时，车网互动平台组织用户参与调频辅助服务、节能服务等运营活动，连通车端和网端的能源响应和传输渠道，形成协同合作的生态圈。英国车网互动市场运营模式如图 2-10 所示。

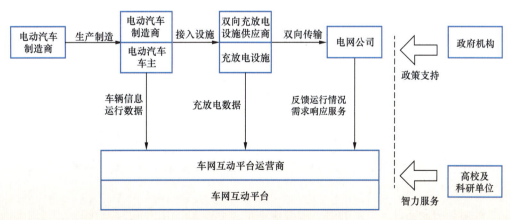

图 2-10　英国车网互动市场运营模式

国际 V2G 试点项目往往不由某一家企业单独发起，而是由上述多个企业共同发起，

建立起协同合作的生态圈，促进车－桩－网各主体在技术研发上的共同合作，并且可以降低单个主体承担的前期投资成本。国际 V2G 试点项目参与单位详见表 2-7。

表 2-7　国际 V2G 试点项目参与单位

项目名称	发起方
丹麦 Pakrer 项目	丹麦科技大学、NUVVE、尼桑、三菱、ENEL 等
美国 PJM 试点项目	PJM、特拉华大学、Onstar、通用汽车
英国 Powerloop 项目	Octopus Energy、Innovate UK、Nissan 等
英国 e4Future 项目	纽卡斯尔大学、尼桑、E.ON UK、英国电网、帝国理工
英国 Sciurus 项目	OVO Energy、Cenex、Nissan、Innovate UK 等
美国空军基地	美国国防部、多个电力市场调度中心
德国 REDISPAT CHING 试点	TenneT、Mobility House、尼桑
荷兰 "CITY-ZEN" 项目	Enervalis、New Motion、Alliander 电网公司
美国 INVENT 项目	加州大学圣地亚哥分校、Nuvve、BMW 等
日本 V2H/V2G 试点	Nuvve、丰田、日本中部电力公司
法国 Grid Motion 试点	PSA、Enel、DTU

国外开展车网协同试点商业模式的目标为：一是利用提供电网服务的收益，降低电动汽车全生命周期的成本，提升电动汽车推广的规模数量；二是在保障电网系统安全、稳定运行的前提下，利用电动汽车作为电网资源，减少电网、电源和固定式储能设施的投资。

2. 国内车网互动市场机制与商业模式

2019 年以来，国内电动汽车与电网互动试点项目迅速铺开，多个省市开展了电动汽车与电网辅助服务和需求响应的试点验证。通过市场引导电动汽车改变用电功率和时间，参与电网调峰、调频等辅助服务和需求响应。其中公共充电桩通过聚合商平台，已实现参与分钟级调峰的功能验证；具备联网功能的私人充电桩在华北、上海等地区已经完成参与电网填谷的可行性验证；部分换电站通过聚合参与了电网调峰，其中部分还接入电网参与了调频。

针对部分居民社区面临的配电网容量不足、无序充电引发重过载的问题，国内电网公司、充电运营商以及车企利用本地或云端有序充电模块，结合价格激励，实现台区下车辆的有序充电；同时，通过小范围就地互动，解决报装难问题，实现高效的就地互动。

目前，国内大多数车网互动项目的盈利模式高度依赖峰谷电价差，商业模式呈现较为单一的特征。这种单一的商业模式难以支撑产业规模化发展。此外，在大部分地区，协调电动汽车与电网之间的能量交易的成熟市场机制尚不完善。这一现状严重限制了资源的高效配置，同时也极大地抑制了用户参与的积极性。因此，构建公平、透明且科学合理的市场规则已成为当务之急，这对于推动车网互动产业健康、有序发展具有至关重要的意义。

（二）浙江车网互动市场机制与商业模式

从 2020 年起浙江积极开展了车网互动示范工程建设，建设功能较为完善的充电负荷聚合平台，积极推动各类充电资源接入平台，构建了完善的充电负荷调控体系。

在建设规模方面，浙江对公共直流桩开展了有序充电改造，实现了充电资源的聚沙成塔，应接尽接。截至目前，累计聚合充电站 3160 个、充电桩 19921 个，实现充电桩有序充电功能改造升级 8627 个，建设有序充电桩 2709 个，建设 V2G 示范站 12 个，累计接入 V2G 桩 94 个。

在调节能力方面，额定功率达 122 万千瓦，峰值实际负荷约 15 万千瓦，实际最大削峰负荷超 2.39 万千瓦，累计削峰电量超 31.7 万千瓦时，具备秒级、分钟级、日前响应能力。

在市场参与方面，组织充电负荷参与调峰辅助服务、旋转备用辅助服务、需求响应等多元化的电网响应服务，累计参与调峰辅助服务 32 次；国内首次实现新能源汽车参与旋转备用辅助服务；累计参与需求响应 8 次，最大削峰负荷达 1.5 万千瓦。

在创新示范方面，开展 V2G 与配网互动试点，在宁波首次实现 V2G 桩与公变融合终端的贯通。与相关品牌汽车合作在 90 个居民小区开展有序调控试点。开展市级新能源汽车负荷全域分区调控示范工程，在绍兴市首次实现地调平台与浙江充电负荷聚合平台接口贯通，实现充电负荷分区调控；完成金华、嘉兴、丽水等市级虚拟电厂接入。

第二节 车网互动技术面临的挑战

一、车网互动规模化推进的难点

（一）标准体系有待统一

标准体系尚未贯通，制约了车网互动的高质量发展。目前我国尚缺乏覆盖充换电设施、电动汽车、电网基础设施等"车－桩－网"关键环节车网互动标准体系，现行新能源汽车和充电设施标准均未对 V2G 功能作出有效规范，现有电力并网与计量等标准也尚未考虑具备 V2G 功能的车辆和设备的应用需求，V2G 聚合参与电力交易的相关数据交互、运行调控、信息安全等标准体系仍有待建立健全。当前已开展的 V2G 试点示范大多是由企业采用私有协议实施，并不能支撑商业化应用。亟须建立标准，通过标准可以降低技术壁垒和成本，提高互联互通的效率，保证可信交易。

（二）商业模式比较单一

商业盈利模式比较单一化，不足以支撑产业规模化发展。目前，我国电力交易市场仍处于建设期，定价规则、跨省交易等配套机制尚不健全，车网互动灵活性资源参与电力市场仍然受到诸多因素制约，V2G 反向放电的价格机制尚未明确，在参与电力需求响应、辅助服务市场方面存在参与频次偏低、区域较少、部分设施缺乏有效计量手段等问题，国内大多数车网互动项目的盈利模式都基于峰谷电价差，商业模式比较单一化，车网互动商业模式仍需进一步清晰化，以提供稳定、可持续的收益渠道。

（三）互动能力有待提升

各参与主体参与积极性不高，车网互动融合能力有待加强。车网互动具有推动新能源发展的绿色效益，但利益主体非常多、协调难度很大。消费者方面，放电对电池寿命的影响缺乏评估，部分车主存在放电焦虑，担心 V2G 收益不能有效覆盖电池寿命和安全性下降带来的损失。车企方面，由于目前消费者对具有 V2G 功能的车型几乎无需求，车企缺乏开发 V2G 车型和设计配套营销和质保方案的动力。电网方面，考虑到单台新能源汽车放电功率低、放电量较小，且存在分布分散、难以调度管理的问题，与抽水蓄能、大规模电化学储能等储能方式相比，新能源汽车作为储能单元效率偏低。

（四）技术应用尚不成熟

车网互动关键技术仍不成熟，面临多项技术瓶颈问题。目前充电桩的覆盖率仍然较低，满足多次 V2G 需求的电池技术、以充电桩为核心的交互技术以及调度和管理技术尚不成熟，车网互动技术的应用仍然不够广泛。在车辆侧方面，动力电池的技术成熟度还有待进一步提升，因为"车网双向充电"成为常态后，会大幅增加动力电池的充放电循环次数，这就存在安全管理和取得的收益及电池衰减造成的损失是否能算好经济账的问题。在用户管理方面，现有技术仍难以精准描述用户参与 V2G 的差异化行为，引入大量 V2G 设备会增加电网的管理复杂性，会对电网形成一定的冲击。场站调控方面，缺乏应对用户响应和电池状态偏差的精准调控技术。

（五）信息安全考量不足

二次调频、爬坡等绝大多数辅助服务，要求资源聚合商必须接受电力调度机构的高频、实时调控，这对信息安全管理提出了较高要求。资源聚合商、充换电运营商等主体多基于互联网云服务构建运营系统，按照电网企业目前的网络安全技术要求，必须经过正反向隔离装置等专用网络安全设备接入调度自动化系统，但成本仍较为高昂。

此外，车网互动过程中，电网中会出现大量的谐波，造成电力系统谐波污染。充电桩与电动汽车运营管理平台、充电卡等组成的互联充电网络存在数据泄露、指令篡改、身份伪造、非法访问的风险，对电力系统和互联充电网络的安全、稳定、经济运行构成潜在威胁。

二、浙江车网互动技术存在的问题

（一）有序充电技术存在的问题

当前，主流的有序充电技术（如能源控制器、融合终端等关键设备）普遍存在设备成本高、运维保障难、通信可靠性低、车 - 网一体化互动性弱等问题，难以形成规模化、市场化的有序充电模式推广和应用，亟待通过技术创新与商业模式优化加以解决。

在电力计量领域，国家电网公司已实现智能电能表"全覆盖、全采集"，建成集实时监测、异常预警于一体的计量监测保障体系，但面对车 - 桩 - 网复杂互动场景，在不确定性负荷数据采集、智能分析等方面，尚缺精准稳定、高速互联、广泛感知的数字化智能计量体系，急需对传统计量手段进行深层次研究与拓展。

目前浙江传统计量技术在解决车桩网场景下的有序充电问题时存在以下四个难点：

（1）计量对象认知有限。电动汽车用户的充电习惯和充电需求复杂多变，且具有较强的随机性，充电环境也呈现多样化特征。然而，针对电动汽车负荷不确定性的统计分析要素计量采集手段缺失，多维数据融合的计量采集分析系统平台尚不完备，业务一体化服务能力不足，广泛感知的数字化智能计量体系标准亦未建立。

（2）计量保障手段不足。传统充电信息链路传输加密手段的安全性较低，电池状态充电安全监测和充电环境安全评估模式不够精准，极弱通信条件下车网交互可靠率较低，计量运维保障技术智能化程度有待提高。

（3）计量调控协同不足。高效精准、标准统一的电动汽车有序充电技术模式尚未建立，传统计量调控对象和手段单一，时空充电负荷动态调控方法不全面，多层面多场景计量协调控制技术体系仍未构建完成。

（4）计量装备及平台数智化低。传统计量采集运维管理模式和辅助平台智能化水平不高，在自主可控的车网互动场景下，计量保障装备软硬件水平亟待提升。

（二）V2G 充电技术存在的问题

多项政策利好、企业加速布局、发展路径建议等为 V2G 的未来发展保驾护航。然而，目前 V2G 充电技术还未能在国内扩大应用规模，仍存在一些亟待破解的问题。

（1）电池技术瓶颈亟待突破。电动汽车动力电池的技术成熟度还有待进一步提升，尚未实现低成本、高能效、长寿命。频繁充放电对动力电池容量衰减将产生一定影响，更换动力电池成本高昂，V2G 电价差额收益有限，不足以激励车主参与 V2G 放电。

（2）车网协同控制及管理技术缺乏。V2G 技术涉及三个关键组件：智能充电设备，电动汽车的电池管理系统（BMS），以及电网的管理系统，引入大量 V2G 设备将会增加电网的管理复杂性。众所周知，社会用电量非常明显地呈现波峰波谷状态，目前主要是夏季冬季的用电高峰，但伴随着电动汽车的不断增多，而且电动汽车的充电及放电时间是高度随机性的，如果不能进行统一协调控制及管理的话，将会对电网网损及电能稳定性产生巨大影响。

（3）信息安全防护体系技术缺乏。缺乏面向 V2G 的全链路高安全防护体系。电池安全和寿命方面，难以实现复杂工况下的电池可靠预警和寿命管理。

车网互动关键技术介绍

第三章

第一节 **构建车网互动的新型电力计量技术体系**

一、车网互动的新型电力计量体系概念

针对国内外尚未突破的车网互动四大难题，通过基于新型电能计量的车桩网负荷感知、安全监测、协同控制、装备研制等方面的深入研究，创新构建了基于新型电能计量的车－桩－网互动的新型电力计量体系，提出了面向车桩网互动场景下的电力泛计量技术，研发了具有完全自主知识产权的全场景数智化泛计量装备平台，形成了技术理论、装备系统与规模化工程应用的国际引领，解决了现有有序充电技术存在的车－桩－网互动缺乏及投资成本高、运维复杂繁琐、复制推广困难等问题。

二、车网互动的新型电力计量技术框架

目前，车网互动技术基于分层式控制框架，电动汽车用户通过参与需求响应来与电网进行互动。为进一步提升车网互动灵活性的高效车网互动框架，由基于新型电力计量协同车桩网互动的负荷感知技术、全时空交互的安全可靠的新型电力计量保障支撑技术、基于新型电力计量全链路的电动汽车自适配协同控制技术、基于新型电力计量的车网协同系列装备与平台四个方面组成，形成电力泛计量"认知－保障－协控－装备"四位一体全方面技术框架。

该技术框架对车网互动新型电力计量技术进行了梳理，能够客观反映车网互动有序充电需求的不同的车网互动技术模式。车网互动的新型电力计量技术框架如图3-1所示。

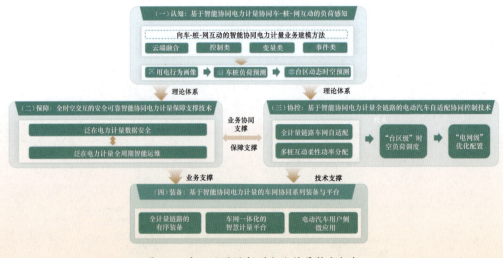

图3-1　车网互动的新型电力计量技术框架

第二节 车－桩－网互动的新型电力计量四大关键技术

一、基于新型电力计量协同车桩网互动的负荷感知技术

（一）技术原理

以计量对象"建模－分析－预测"为主线，形成了基于新型电力计量协同车桩网互动的负荷感知技术，有效地解决了面向车桩网互动的泛计量体系构建、复杂用户行为"数字化"刻画及"概率化"时空分布负荷预测技术的难题。其主要包括新型电力计量数字化建模体系、电动汽车用电行为精准画像、车桩网充电负荷预测方法、台区动态时空负荷预测技术、基于多元特征分析的非侵入式负荷监测技术等六大方面内容。基于新型电力计量协同车桩网互动的负荷感知技术路线如图 3-2 所示。

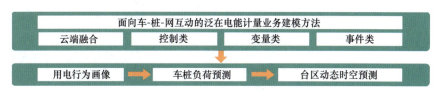

图 3-2　基于新型电力计量协同车桩网互动的负荷感知技术路线

（二）新型电力计量数字化建模体系

基于车桩网互动具体业务场景，提出了"事件－感知－控制"三步业务复杂对象源计量采集技术。同时，创新了一种支撑多类指标兼容的协议拓展方法，在原有 DL/T 698.45 协议的基础上，对传统计量传输数据进行了扩展，重构电力计量数据采集体系。

1. 车桩网互动复杂业务场景下电力采集系统构建

结合车桩网复杂业务场景，在充电需求、车辆信息、连接状态、充电桩状态、有序无序充电策略等多种业务数字化建模需求下，创新构建面向负荷不确定性对象的业务建模方法。它指的是基于具体电动汽车－充电桩－电网互动场景通过自然语言处理与综合大数据分析，结合具体实践，形成了"事件－感知－控制"三个层面的业务复杂对象特征提取技术，即基于事件的判断、状态的感知、行为的控制，来完成对业务场景的表达。其中，事件类对象包括车辆信息、枪连接状态、充电需求事件等；感知类对象包括电桩状态、输出功率、电池容量、目标 SOC、当前 SOC、用车事件等；控制类对象包括充电策略、居民用电裕度等信息。

同时，采用分布式弹性架构设计，运用流处理、消息中间件、分布式存储与并行计算等技术，重构电力数据采集系统，实现新兴业务场景诸如有序充电、电能质量分析等场

景要素数据的高效采集、存储功能。从存储能力、计算性能、数据处理速度和智能分析等方面进行极大的提升，实现多类型用电数据在业务服务过程中的新增、故障及故障恢复时的动态调整功能，将分配信息及时更新至 Zookeeper 分布式服务系统，以降低程序内存加载，提高程序集群扩展能力，为支撑用电营销智能分析、服务业务创新、拓展专业应用和提高有序充电服务水平等方面提供了有力保障。电力采集系统架构如图 3-3 所示。

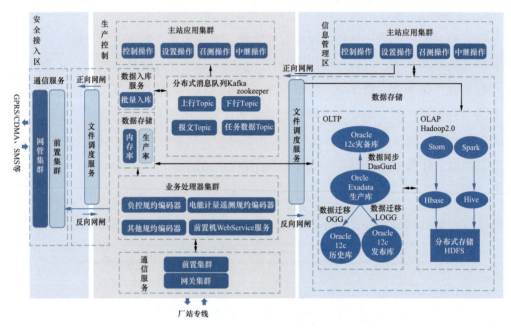

图 3-3　电力采集系统架构图

2. 兼容 DL/T 698.45 协议数据传输类型扩展方法

在原 DL/T 698.45 协议的基础上，结合车桩网互动复杂业务场景，对传统计量传输数据进行了扩展，形成了兼容 DL/T 698.45 协议数据传输类型的扩展方法。

该方法主要包括事件类对象（车辆信息、枪连接状态、充电事件等）、变量类对象（充电桩状态、输出功率、电池容量、目标 SOC、当前 SOC、用车事件等）、控制类对象（充电策略、居民用电裕度等）。

（1）控制类对象扩展。控制类对象主要包括：配变容量、有序充电策略、居民充电负荷裕度、台区告警负载率、半在线 / 全离线预测参数表，见表 3-1 控制类对象数据扩展。其中：

1）配变容量是当前电力配变的容量，相关属性涉及容量大小、额定功率、供电范围等。

2）有序充电策略是规定充电系统中车辆充电的有序策略，以优化整体充电效率，相关属性涉及充电优先级、时间调度、充电功率管理等。

3）居民充电负荷裕度是用于评估居民充电对电力系统的影响，以确保稳定供电，相关属性涉及居民用电需求、充电负荷预测、裕度计算方法等。

4）模拟价格是用于模拟电力价格，影响用户的充电行为，相关属性涉及电价计算规则、尖峰谷电价设置、模拟价格曲线等。

5）台区告警负载率是用于监测台区电力负载情况，预警过载风险，相关属性涉及告警阈值、负载率计算方法、告警策略等。

6）半在线/全离线预测参数表是用于预测充电桩设备的半在线和全离线状态，以提前采取维护措施。相关属性涉及预测模型参数、监测指标、维护阈值等。

表 3-1 控制类对象数据扩展

对象标识 OI	接口类 IC	对象名称	实例的对象属性及方法定义	更新频率
4029	8	配变容量（现有）	属性 2∷=double-long-unsigned（单位：kVA，换算：0）	主站下发给集中器

4E30	8	有序充电策略	属性 2∷=structure（读取时返回当前在用的策略）
			{
			类型 enum { 全在线（0）、半在线（1）、全离线（2）}
			允许充电开始时间 date_time_s
			允许充电延后时间限值 unsigned（单位：分钟）
			分时有序充电功率限值百分比 array-unsigned（单位：%）
			}
				根据车辆接入情况进行更新

4E31	8	居民充电负荷裕度	属性 2∷= 数据类型：arraylong-unsigned，单位：%，换算：-2	每天发给 B 型模组
4E32	8	模拟价格	属性 2∷= 数据类型：arraylong-unsigned，单位：元，换算：-3	主站下发给集中器，有变化才发
4E33	8	台区告警负载率	属性 2∷=数据类型：long-unsigned，单位：%，换算：-2	主站下发给集中器

4E34	8	半在线/全离线预测参数预测参数表	属性 2∷=array 半在线/全离线预测参数
			半在线/全离线预测参数∷=structure
			{
			电表地址 octet-string
			电池容量 long-unsigned（单位：kWh，换算：-1）
			最大充电功率 double-long-unsigned（单位：W，换算：-1）
			预测目标 SOC 值 unsigned（单位：%）
			预测初始 SOC 值 unsigned（单位：%）
			预测用车时间 date_time_s
			}
				主站下发给集中器和 B 型模组，每月更新一次

（2）变量类对象扩展。变量类对象主要包括：充电输出电压、充电输出电流、当前充电桩状态、充电输出功率、VIN 码、电池容量、最大充电功率、目标 SOC 值、当前 SOC 值、计划用车时间、参与功率调节、枪连接状态、暂停充电累计时间、充电平均功率、充电电量和估算剩余充电时间，如表 3-2 变量类对象数据扩展所示。其中：

1）当前充电桩状态是描述充电桩当前的工作状态，如空闲、充电中、故障等。

2）VIN 码是车辆识别码，用于唯一标识电动车辆。

3）电池容量是表示电动车电池的总容量。

4）最大充电功率是电动车电池支持的最大充电功率。

5）目标 SOC 值（State of Charge）是设定的车辆电池期望的充电状态。当前 SOC 值是车辆电池当前的充电状态。

6）计划用车时间是用户计划启动电动车的时间。

7）参与功率调节是标识充电桩是否参与电力系统的功率调节。

8）枪连接状态是记录充电枪与车辆的连接状态，例如已连接、断开等。

9）暂停充电累计时间是记录充电桩因暂停充电而累计的时间。充电平均功率是在充电周期内计算的平均充电功率。充电电量是记录已充电的电量。估算剩余充电时间是基于当前充电状态估算的剩余充电所需时间。

通过这些对象和参数，可以有助于全面了解电动车充电过程的各个方面，使系统能够更准确地监控、控制和优化充电过程，提高用户体验和电力系统的效率。

表 3-2　变量类对象数据扩展

对象标识 OI	接口类 IC	对象名称	实例的对象属性及方法定义
2700	3	充电输出电压（现有）	数据类型：long-unsigned 单位：V，换算：-1
2701	3	充电输出电流（现有）	数据类型：double-long 单位：A 换算：-3
2E30	3	当前充电桩状态	状态 enum {空闲（0）、待机（1）、充电（2）} 举例：当前充电桩状态的属于 2 的数据类型是 array，array 里数组顺序代表了充电桩枪号对应的顺序，即：第一个数据项为 0 号充电枪，第二个数据项为 1 号充电枪，以此类推
2E31	4	充电输出功率	数据类型：double-long 单位：W，换算：-1
2E32	3	VIN 码	数据类型：octet-string [SIZ（17）]
2E33	3	电池容量	数据类型：long-unsigned 单位：kWh，换算：-1

续表

对象标识OI	接口类IC	对象名称	实例的对象属性及方法定义
2E34	4	最大充电功率	数据类型：double-long-unsigned 单位：W，换算：-1
2E35	3	目标 SOC 值	数据类型：unsigned 单位：%，换算：0
2E36	3	当前 SOC 值	数据类型：unsigned 单位：%，换算：0
2E37	3	计划用车时间	数据类型：date_time_s
2E38	3	参与功率调节	数据类型：bool｛不参与（0），参与（1）｝
2E39	3	枪连接状态	数据类型：bool｛未连接（0），连接（1）｝
2E3A	3	暂停充电累计时间	数据类型：long-unsigned 单位：分钟，换算：0
2E3B	4	充电平均功率	数据类型：double-long-unsigned 单位：W，换算：-1
2E3C	3	充电电量	数据类型：double-long-unsigned 单位：kWh，换算：-2
2E3D	3	估算剩余充电时间	数据类型：long-unsigned 单位：分钟，换算：0

（3）事件类对象扩展。在数字化建模中，车辆充电系统通过使用记录单元来有效地组织和存储有关车辆、连接状态和充电事件的信息，并主要包括车辆信息、枪连接状态事件和充电事件的记录单元。事件类对象数据扩展见表 3-3。

表 3-3　事件类对象数据扩展

对象标识OI	接口类IC	对象名称	实例的对象属性及方法定义
3E31	7	车辆信息记录	属性 2∷=array 车辆信息记录单元 属性 6（配置参数）∷=structure ｛ ｝
3E32	7	枪连接状态事件记录	属性 2∷=array 枪连接记录单元 属性 6（配置参数）∷=structure ｛ ｝
3E33	7	充电事件记录	属性 2∷=array 充电记录单元 属性 6（配置参数）∷=structure ｛ ｝

对象标识 OI	接口类 IC	对象名称	实例的对象属性及方法定义

3E34	8	车辆信息
		记录单元
			车辆信息记录单元∷ =structure
			{
			　事件记录序号 double-long-unsigned，
			　事件发生时间 date_time_s，
			　事件结束时间 date_time_s，
			　事件发生源 NULL，
			　事件上报状态 array 通道上报状态，
			VIN 码 octet-string [SIZ（17），未获取到为 NULL]，
			电池容量 long-unsigned（单位：kWh，换算：-1，未获取到为 NULL），
			　最大充电功率 double-long-unsigned（单位：W，换算：-1，车与桩中取小值），
			　目标 SOC 值 unsigned（未获取到为 NULL），
			　当前 SOC 值 unsigned（未获取到为 NULL），
			　计划用车时间 date_time_s（未获取到为 NULL），
			　参与功率调节 bool {不参与（0），参与（1），未获取到为 NULL}
			　}

3E35	8	枪连接
		记录单元
			枪连接记录单元∷ =structure
			{
			　事件记录序号 double-long-unsigned，
			　事件发生时间 date_time_s，（插入枪的时刻）
			　事件结束时间 date_time_s，（拔出枪的时刻）
			　事件发生源 NULL，
			　事件上报状态 array 通道上报状态，
			枪连接状态 bool {未连接（0），连接（1）}
			　}

3E36	8	充电
		记录单元
			充电记录单元∷ =structure
			{
			　事件记录序号 double-long-unsigned，
			　事件发生时间 date_time_s，
			　事件结束时间 date_time_s，
			　事件发生源 NULL，
			　事件上报状态 array 通道上报状态，
			暂停充电累计时间 long-unsigned（单位：分钟），
			最大充电功率 double-long-unsigned（单位：W，换算：-1），
			充电平均功率 double-long-unsigned（单位：W，换算：-1），
			充电电量 double-long-unsigned（单位：kWh，换算：-2）
			　}

（三）电动汽车用电行为精准画像

综合利用先进的数据分析技术、用户反馈机制以及更全面的数据源，通过深入挖掘多维度的数据，采用更灵活、智能的模型和算法，可以更好地理解和应对电动汽车用户充电行为的随机性。同时，借助用户参与、反馈和调查等手段，建立更细致、贴近实际的充电规范描述，以及更为精准、全面的用户用电画像。并结合智能电表功率序列，用户电量需求、电动汽车能量信息等多源用户充电行为数据的云端集成，通过状态分析和时间捕捉，挖掘多源信息之间的关联性，实现多源信息的深度融合，完成电动汽车充电负荷特征分析。

该技术以杭州市某区域为样本，对有序充电桩用户的电动汽车到达、离开时间，充电完成时间，电量消耗，电费消耗，充电频率，车辆类型，电池容量，充电功率等因素进行聚类分析，对存量桩用户的电动汽车到达时间、充电完成时间，电量消耗，电费消耗，充电频率，充电功率等因素进行聚类分析，获取充电负荷不确定性模型的衡量维度，对电动汽车分类开展模型构建。

以绿色第二类用户为例，电动汽车用户画像聚类结果如图 3-4 所示。该类用户往往具有较高的开始充电 SOC 值、较短的充电里程间隔、较少的充电量、最高的充电弹性系数。可通过这些特征判断该类用户主要以短途出行为主，且对于剩余电量具有较高的关注度，存在一定电量焦虑心理。同时，该类人群具有极高的充电弹性系数。通过用户画像可以判断该类人群多为倾向于短途出行且回家后便开始充电的普通用户。

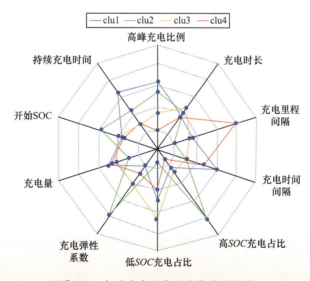

图 3-4　电动汽车用户画像聚类结果图

1. 用户充电行为大数据分析

该地区共有 5542 户充电桩用户，用户数在 2014—2018 年经历爆发式增长，年增速在 125% 以上，2019—2020 年相对平缓，年增速在 75% 左右，2021 年略有增加，年增速为 101%。充电桩用户增长情况如图 3-5 所示。

图 3-5　充电桩用户增长情况

通过用户充电行为分析，可以更好地了解电动车用户的充电行为和体验，主要包括以下内容：①精准识别僵尸用户，有助于提升台区负荷预测的准确性，并提升充电桩用户充电满意度；②分析充电桩功率，有助于调整负荷测算；③分析充电时段，有助于甄别充电负荷峰谷时段；分析单次充电量，可用于测算可调电量、可引导时长和时间段；④分析充电开始时间、充电时长、充电频率和充电日，有助于刻画用户充电行为画像；⑤交叉分析充电功率、单次充电量、充电时长和充电频率测算同时率，结合不同季节公变居民负载率情况，可用于推算公变容量下挂靠充电桩数量的安全边界参数；⑥了解停止充电时间与提车时间的分布差异，可用于作为有序充电项目的理论依据，有序引导用户的随机充电行为。

（1）僵尸用户。僵尸用户指的是在一定时间内充电功率都小于 1 千瓦，没有充电行为的充电桩用户。对该地区 2021 年 7 月至 2022 年 4 月的用户充电数据进行分析，得到不同月份的僵尸用户数量，如表 3-4 所示。当前，僵尸用户数量比较多，尤其是一个月不充电用户数量占比达到了 20%。精准识别僵尸用户，有助于提升台区负荷预测准确度并提升充电桩用户的充电服务满意度。僵尸用户数量分布如表 3-4 所示。

表 3-4　僵尸用户数量分布

月份	总用户数量（个）	僵尸用户数量（个）	占比
7 月	3375	583	17.3%
1 月	4820	853	17.70%

月份	总用户数量（个）	僵尸用户数量（个）	占比
4 月	5553	1098	19.78%
7/1 月	4820	433	8.98%
7/4 月	5553	441	7.94%
1/4 月	5553	672	12.10%
7/1/4 月	5553	417	7.51%
1 个月不充电用户	5553	1098	19.78%
2 个月不充电用户	5553	672	12.10%
3 个月不充电用户	5553	417	7.51%

（2）充电桩功率。该地区充电桩的功率区间为 1.34 ～ 23.64 千瓦，其中 2.5 ～ 4 千瓦（22.87%）、4 ～ 8 千瓦（48.92%）和 8 ～ 12 千瓦（22.69%）为主要功率，占比约94%。基于以上数据，将充电桩划分为低功率（1 ～ 2.5 千瓦）、中功率（2.5 ～ 12 千瓦）与高功率（12 千瓦以上）三档。充电桩功率标签如表 3-5 所示。

表 3-5　充电桩功率标签

充电桩功率标签	充电桩最大功率（千瓦）	标准功率（千瓦）	数量（台）	占比
低功率	1 ～ 2.5	2.2	117	2.64%
中功率	2.5 ～ 4	3.5	1014	22.87%
	4 ～ 8	7	2169	48.92%
	8 ～ 12	11	1006	22.69%
高功率	12 以上	16	128	2.89%

* 区间范围并右不并左。

（3）充电负荷调节能力。该地区用户充电桩总报装容量为 36515 千伏安，截至2022 年 1 月 31 日该地区用户充电桩总报装容量为 48718 千伏安，截至 2022 年 4 月 30日该地区用户充电桩总报装容量为 54580 千伏安。为了解该地区早午晚高峰时段的充电负荷调节能力，可求取用户实际充电负荷与报装容量的充电可调负荷占比，一个月内平均充电可调负荷可调占比见表 3-6，季节性充电可调负荷占比可用式（3-1）表示：

$$充电可调负荷占比 = \frac{一个月同一类工作日下的总充电功率}{天数 \times 报装容量} \quad (3-1)$$

表 3-6　季节性充电可调负荷占比

高峰段标签	夏季：2021.07					
	工作日（17 天）			非工作日（14 天）		
	时段	充电功率（千瓦）	充电可调负荷占比	时段	充电功率（千瓦）	充电可调负荷占比
早高峰	11:00—12:00	2738.56	0.4413%	11:00—12:00	2909.24	0.5690%
午高峰	16:00—17:00	3738.78	0.6023%	16:00—17:00	4022.16	0.7868%
晚高峰	20:30—22:00	13257.71	2.135%	20:00—21:00	7775.39	1.521%

高峰段标签	冬季：2022.01					
	工作日（17 天）			非工作日（14 天）		
	时段	充电功率（千瓦）	充电可调负荷占比	时段	充电功率（千瓦）	充电可调负荷占比
早高峰	9:30—11:00	3701.93	0.4470%	10:30—11:30	4019.48	0.5893%
午高峰	16:00—17:00	5611.11	0.6775%	16:00—17:00	6359.07	0.9323%
晚高峰	18:30—20:00	13416.00	1.6200%	18:00—19:00	8876.74	1.3015%

高峰段标签	春季：2022.04					
	工作日（16 天）			非工作日（14 天）		
	时段	充电功率（千瓦）	充电可调负荷占比	时段	充电功率（千瓦）	充电可调负荷占比
早高峰	9:30—11:00	3708.32	0.4246%	10:00—11:00	3957.24	0.5179%
午高峰	16:00—17:00	4912.28	0.5652%	16:00—17:00	5992.91	0.7843%
晚高峰	18:30—20:00	13425.95	1.5374%	18:30—19:30	11776.38	1.5412%

　　以 2021 年 7 月 14 日为例，该地区用户早午晚高峰时段的充电功率与报装容量占比都在 3% 以下，其中不同季节下用户充电负荷都是在晚高峰时段最高，可见该地区早午晚高峰时段的充电负荷不多。2021 年该地区夏季用电高峰时段有 5 万千伏安容量缺额，而其晚高峰可调充电负荷仅有 960.13 千瓦，占比 1.92%。具体日充电负荷可调占比结果见表 3-7。

表 3-7　具体日充电负荷可调占比

	夏季：2021.07.14		
	时段	充电功率（千瓦）	充电可调负荷占比
早高峰	11:00—12:00	190.32	0.5212%
午高峰	16:00—17:00	304.16	0.8330%
晚高峰	20:30—22:00	960.13	2.6294%

　　（4）充电时段。该地区总充电功率集中分布于 22:15—次日 3:30 时间段，占比

60.25%。总充电功率在 0:15 时出现高峰，在 0:15—7:45 时间段平滑下降，且在该时间段分布较为均匀，并从 21:45 开始快速上升至高峰。基于以上数据，将充电时间分为高峰（21:45—次日 03:30）次高峰（03:30—06:00，18:00—21:45）与低谷（06:00—18:00）三档，用户在充电高峰时段单次充电量更高，低谷时段单次充电量更少，次高峰时段则是过渡阶段，单次充电量从高到低转变。充电时段用户充电功率标签如图 3-6 所示。

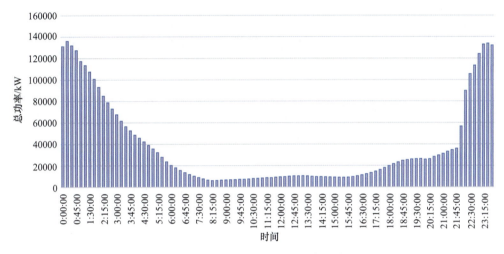

图 3-6　充电时段用户充电功率标签

（5）开始充电时间。该地区充电开始时间有两个高峰。一个时间段是在 22:15，其有 5167 次充电次数在该时段开始充电，占比 10.68%。另一个时间段在 0:00，有 2330 次充电次数该时间段开始充电，占比 4.81%。同时用户充电时间基本集中于 22:00—次日 0:15 这个时间段，且有 23199 次充电次数在该时间段开始充电，占比 47.96%。这表示 4 月份用户有一半左右概率选择在这段时间进行充电。充电开始时间标签如图 3-7 所示。

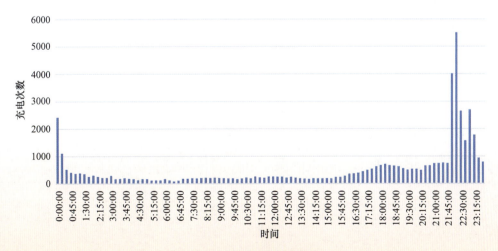

图 3-7　充电开始时间标签

（6）充电时长。该地区充电时长在 0 ~ 23.45 小时之间，其中 1 ~ 6 小时（73.18%）和 0 ~ 1 小时（17.52%）为主要充电时长，占比约 90.7%。基于以上数据，将充电时长划分为 4 段，短（0 ~ 1 小时）、一般（1 ~ 6 小时）、长（6 ~ 12 小时）和特长（12 ~ 24 小时）四档，用户在充电高峰时段单次充电量更高，低谷时段单次充电量更少，次高峰时段则是过渡阶段，单次充电量从高到低转变。充电时长标签如表 3-8 所示。

表 3-8　充电时长标签

充电时间标签	时长（小时）	充电次数（次）	占比
短	0 ~ 1	8885	17.52%
一般	1 ~ 2	10797	21.28%
	2 ~ 3	11039	21.76%
	3 ~ 4	7535	14.85%
	4 ~ 6	7751	15.28%
长	6 ~ 9	3637	7.17%
	9 ~ 12	930	1.83%
特长	12 ~ 18	149	0.29%
	18 ~ 23.45	4	0.01%

（7）充电频率。该地区月充电次数在 1 ~ 72 之间，根据每月充电次数，将充电频率划分为每天两充，每天一充，两天一充，三天一充，四天一充，每周一充和每月一充。

其中用户充电次数较为均匀分布在每天一充，两天一充，三天一充，四天一充，总占比约为 74.08%。充电频率标签如表 3-9 所示。

表 3-9　充电频率标签

充电频率标签	每月充电次数（次）	充电次数（次）	占比
每天两充	38 ~ 72	3976	8.29%
每天一充	25 ~ 37	11576	24.13%
两天一充	18 ~ 24	8089	16.86%
三天一充	12 ~ 17	8546	17.82%
四天一充	7 ~ 11	8540	17.80%
每周一充	4 ~ 6	5288	11.02%
每月一充	1 ~ 3	1945	4.05%

（8）充电日。该地区用户充电次数在一周 7 天内分布较为均匀，周五到周一的充电次数相对较多。

基于以上数据，将充电日标签划分为工作日与非工作日。充电日标签如表 3-10 所示。

表 3-10　充电日标签

充电日标签	充电日	充电次数（次）	占比
工作日	星期一	6319	12.46%
	星期二	5570	10.98%
	星期三	6768	13.34%
	星期四	6510	12.83%
非工作日	星期五	9386	18.50%
	星期六	8296	16.35%
	星期天	7878	15.53%

（9）单次充电电量分布。该地区用户单次充电电量区间 0.3-120.75 千瓦时之间，主要集中在 0-10 和 10-20 千瓦时之间，占比为 66.69%。单次充电电量标签如表 3-11 所示。

表 3-11　单次充电电量标签

充电电量标签	充电电量（千瓦时）	充电次数（次）	占比
低	0～10	19742	40.49%
中	10～20	12774	26.20%
高	20～30	6330	12.98%
	30～50	7131	14.62%
超高	50～80	2640	5.41%
	80～120	111	0.23%

（10）充电时段与单次充电量。该地区用户在不同的充电时段的单次充电电量会有不同。

在高峰时段，用户单次充电量较为均匀分布在低、中、高三个标签下，其中高标签用户单次充电量占比最高，为 36.39%。

在低谷时段，用户单次充电量基本集中在低标签下，占比为 61.57%。次高峰时段，用户单次充电量基本集中在低、中标签下，低标签占比更高。用户单次充电电量标签如表 3-12 所示。

表 3-12　用户单次充电电量标签

充电时段	单次充电量（千瓦时）	充电次数（次）	占比
高峰（21:45—次日 03:30）	低（0～10）	7943	28.70%
	中（10～20）	7750	28.01%
	高（20～50）	10073	36.39%
	超高（50～120）	1911	6.90%

充电时段	单次充电量（千瓦时）	充电次数（次）	占比
次高峰（03:30—06:00）	低（0～10）	5819	48.07%
	中（10～20）	3899	32.21%
	高（20～50）	2197	18.15%
	超高（50～120）	190	1.57%
次高峰（18:00—21:45）	低（0～10）	8592	60.29%
	中（10～20）	3883	27.25%
	高（20～50）	1671	11.72%
	超高（50～120）	106	0.74%
低谷（06:00—18:00）	低（0～10）	6633	61.57%
	中（10～20）	2437	22.62%
	高（20～50）	1404	13.03%
	超高（50～120）	299	2.78%

（11）充电时长与充电日。对该地区充电时长与充电日进行分析，如表3-13所示。短、一般、长、特长的充电时长均匀分布于工作日和非工作日。由此可见，该充电时长与充电日没有明显关系。

表3-13　充电时长与充电日分析

充电时长	充电日	充电次数（次）	占比
短	工作日	3357	47.32%
	非工作日	3737	52.68%
一般	工作日	18522	50.65%
	非工作日	18048	49.35%
长	工作日	2321	50.94%
	非工作日	2235	49.06%
特长	工作日	74	48.69%
	非工作日	78	51.31%

（12）停止充电时间与提车时间。综合考虑用户实际充电时间与提车时间有差异。该地区以用户拨开空开时间作为用户提车时间，充电功率大于0.1千瓦的时间作为充电时间，通过40个用户得到了205个充电数据。依据停留时间与充电时间，定义一个有序充电可调节时长比，可用式（3-2）表示：

$$\eta = \frac{T_{停留} - T_{充电}}{T_{停留}} \times 100\% \qquad\qquad （3\text{-}2）$$

有序充电可调节时长比分布情况见表3-14。

表3-14 有序充电可调节时长比分布

有序充电可调节时长比（%）			充电次数（次）	占比
低	58	28.29	0～10	35	17.07%
			10～20	12	5.85%
			20～30	11	5.37%
中	47	22.93	30～40	10	4.88%
			40～50	10	4.88%
			50～60	10	4.88%
			60～70	17	8.29%
高	100	48.78	70～80	26	12.68%
			80～90	43	20.98%
			90～100	31	15.12%

（13）充电时长与充电频率。该地区不同充电频次下，充电时长主要集中于一般标签下，充电时长总体分布受充电频率影响不大。同时充电频率逐渐减小时，充电时长短标签占比逐渐减少，充电时长长标签占比逐渐增加，充电频率减小时，用户充电时长会相应增加。且不同充电时长标签占比情况基本一致，这三类用户充电行为有很高相似度。充电时长与充电频率分析见表3-15，不同充电频率下充电时长一般标签占比如图3-8所示。

表3-15 充电时长与充电频率分析

充电频率	充电时长	充电次数（次）	占比（充电频率）
每天两充	短	1006	25.30%
	一般	2762	69.47%
	长	177	4.45%
	特长	5	0.13%
每天一充	短	1928	16.66%
	一般	9164	79.16%
	长	475	4.10%
	特长	9	0.08%
两天一充	短	1261	15.57%
	一般	6505	80.33%
	长	326	4.03%
	特长	6	0.07%

续表

充电频率	充电时长	充电次数（次）	占比（充电频率）
三天一充	短	1166	13.64%
	一般	6798	79.55%
	长	556	6.51%
	特长	25	0.30%
四天一充	短	912	10.68%
	一般	6405	75.00%
	长	1199	14.04%
	特长	24	0.28%
每周一充	短	369	6.98%
	一般	3611	68.29%
	长	1278	24.17%
	特长	38	1.54%
每月一充	短	142	7.30%
	一般	1234	63.44%
	长	543	27.92%
	特长	38	1.34%

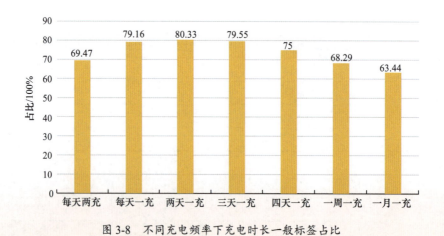

图 3-8　不同充电频率下充电时长一般标签占比

2. 台区下公变 - 充电桩负荷特性分析

该地区总共有 733 公变，每台公变下最少接入一台充电桩，××变下面充电桩接入数量最多，达到了 44 台。接入不同充电桩数量的公变分布情况如表 3-16 所示。

表 3-16　接入不同充电桩数量的公变分布情况

充电桩接入数量（个）	公变数量（个）	占比
0～5	361	49.25%
6～10	178	24.28%
11～15	94	12.82%
16～25	79	10.78%
26～45	21	2.87%

（1）公变负载整体情况分析。以该地区××变为例，分析充电桩接入对公变负荷的影响。××变容量800千伏安。由图3-9××变负荷分布情况可知，公变总负荷和充电总负荷的变化趋势保持高度一致，负荷峰谷时段（22:00—次日03:00）重合度较高。该公变总负载率保持在11%以下。没有充电负荷的负载率保持在一个较为平稳的区间，但是加上充电负荷之后，21:00—次日6:00时间段的负载率被极大地拉升了，变相更改了整个负载率的峰谷时段。

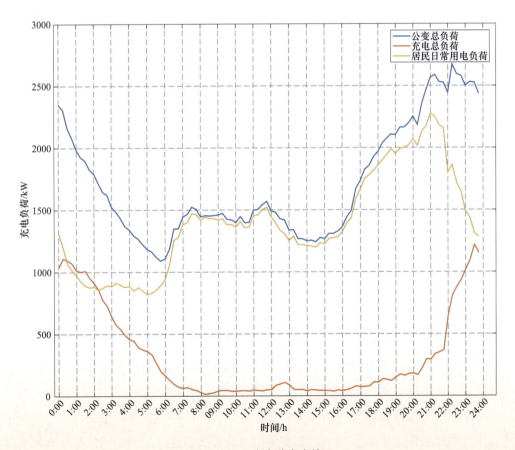

图 3-9　××变负荷分布情况

（2）不同季节的公变负载率情况分析。如图3-10的1/4/7月××变负载率变化曲线所示。该地区 ×× 变的夏季负载率最高，冬季其次，春季最低。有序充电调节需要综合考量季节变化引起公变负载率变化。因此，测算公变电动汽车最大可接纳数量时会有较大的差异。

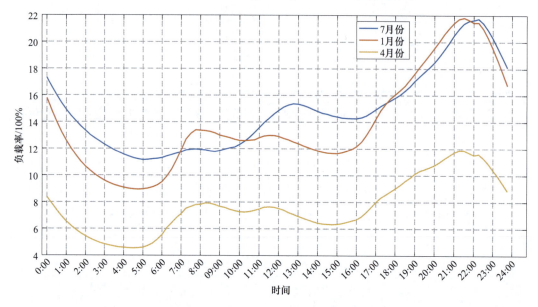

图 3-10　1/4/7 月 ×× 变负载率变化曲线

（3）不同充电桩数量的公变负载率情况分析。充电桩接入数量对公变负载率有着较大的影响，以 2021 年 7 月 ×× 变为例进行分析。超星二变容量 1000 千伏安，当前该公变接入 18 个充电桩。以 ×× 变 2021 年 7 月 14 日的真实负载作为居民负荷，如图 3-11 不同充电桩数量的公变负载率变化曲线所示。×× 变的居民负载率已经达到了 50%，加上 18 个充电桩的高峰公变负载率已经接近了 60%。91 个充电桩的总公变高峰负载率将会超过 80%。但是依据该地区充电桩数量增长趋势，公变负载率在 40% 以上的公变，2 年内高峰时段负载率将会超过 50%，4 年内高峰时段负载率将会超过 80%，充电桩增长速度对公变容量带来了极大挑战。

3. 充电负荷多元高斯混合模型

高斯混合模型是一种描述混合密度分布的模型，通过高斯概率密度函数精确地量化事物。它的核心思想是假设每个簇的数据都是符合高斯分布的，当前数据呈现的分布就是各个簇的高斯分布叠加在一起的结果。通过用多个高斯分布函数的线性组合来对数据分布来进行拟合，理论上是可以拟合出任意类型的分布。

基于概率密度函数法的电动汽车充电行为分析可以借鉴灰度图像处理，图像灰度直方图反映的是图像中某个水平下灰度值出现的频次，也可认为是图像灰度概率密度的估计，而电动汽车充电行为直方图反映了充电数据的概率密度估计。

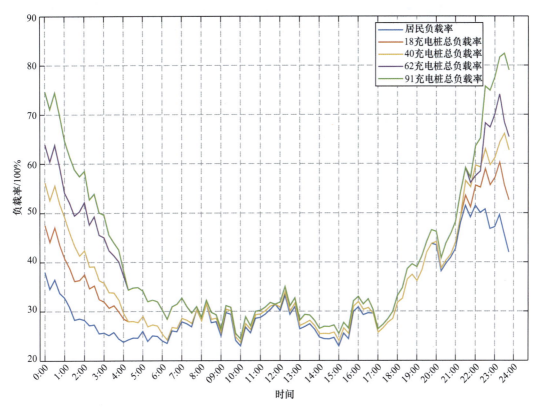

图 3-11 不同充电桩数量的公变负载率变化曲线

高斯混合模型的数学模型可用式（3-3）表示：

$$f(x) = \sum_{i=1}^{n} a_i \cdot e^{\left(\frac{x-b_i}{c_i}\right)^2} \tag{3-3}$$

式中 a_i，b_i，c_i 是模型的分布参数，可通过极大似然估计法获得。

由此基于该地区 4 月份充电负荷数据，构建充电开始时间、持续时间和充电电量的三元混合高斯模型，如图 3-12 高斯聚类结果图所示，可准确描述台区充电分布情况。

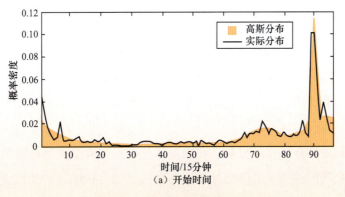

（a）开始时间

图 3-12 高斯聚类结果图（一）

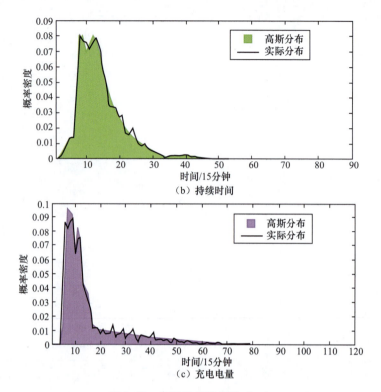

图 3-12　高斯聚类结果图（二）

（四）车桩网充电负荷预测方法

通过挖掘海量历史数据，研究电动汽车历史充电特征，基于不同用户分类开展概率化不确定性模型建立。构建充电桩充电负荷多元高斯混合模型，结合基于一致性理论的 k 均值聚类方法，识别出电动汽车充电行为特性参数，构建车（桩）负荷行为概率预测模型。

该模型采用 LSTM 神经网络作为核心框架，以多个输入维度，包括充电负荷数据、气温、天气和日类型，通过学习这些维度之间的复杂关系，实现了对电动汽车充电负荷的高效预测。运用核密度估计方法，从分位数生成概率密度曲线，进而提高了对不同概率水平的充电负荷预测的准确性。通过利用这种灵活的概率密度建模，更全面地理解了充电负荷的分布特征，使得模型在面对不同的气象和用电场景时都能够更为精确地进行预测。

1. 相关性分析

预测参数相关性分析在数据科学和机器学习中扮演着至关重要的角色。通过深入探索不同变量之间的关系，能够更好地理解数据集的内在结构，发现变量之间的潜在模式，并为构建高效的预测模型提供有价值的线索。相关性分析不仅有助于选择最具预测性的特征，还能帮助避免多重共线性引起的问题，提高模型的稳定性和可解释性。这一过程不仅是数据预处理的一环，更是为了在面对复杂的数据集时更精准、更可靠地进行预测而不可或缺的步骤。

皮尔逊相关系数（Pearson Correlation Coefficient），通常用来反映两个随机变量之间的线性相关程度。

给定两个随机变量 X，Y，皮尔逊相关系数可用式（3-4）表示：

$$\rho_{X,Y} = \frac{cov(X,Y)}{\sigma_X \sigma_Y} \tag{3-4}$$

式中：$cov(X, Y)$ 表示 X 与 Y 的协方差；σ_X 表示 X 的标准差；σ_Y 表示 Y 的标准差。相关系数的取值在 −1 与 1 之间。取值为 1 时，表示两个随机变量之间呈完全正相关关系；取值为 −1 时，表示两个随机变量之间呈完全负相关关系；取值为 0 时，表示两个随机变量之间线性无关。

以杭州 ×× 地区的 2022 年 7 月数据为例，该数据涵盖住宅电动汽车充电负荷、温度、天气状况和日间等不同类型信息。由于家用电动汽车主要在夜间充电。该地区将一天的预测设置为中午 12:00 开始，结束到第二天中午。对于电动汽车充电负载，采样时间为 15 分钟，即每天 96 个点。对于日类型，将工作日标记为 0，将周末标记为 1。对于天气状况，通过量化不同天气条件对电动汽车充电负荷的影响，每组数据被归一化为范围 [0，1]，然后线性插值并根据需要扩展到相同的长度，即每天 96 个点。天气条件因素量化如表 3-17 所示。

表 3-17　天气条件因素量化

天气名称	量化出行影响度
暴雨	1.0
大雨	0.9
中雨	0.8
雷阵雨	0.7
阵雨	0.6
小雨	0.5
雾	0.5
阴	0.4
多云	0.3
晴	0.2

在日相关性分析中，以当天 12 点至次日 12 点为该天充电负荷，以当天 0 点至 24 点的气象数据计算平均气温和出行影响度。日类型的相关性较为显著，如图 3-13 所示，可看出负荷变化以星期为周期，第一个完整的高峰为周五晚上，周五和周日充电负荷较大。

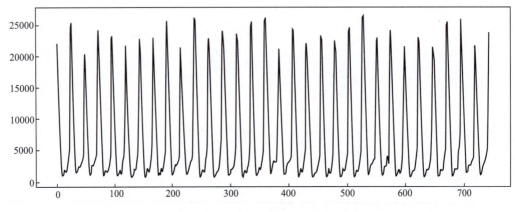

图 3-13　该地区 7 月充电负荷分布图

基于皮尔逊相关系数，可得到上述用户行为影响因素与充电负荷的关系。不同影响因素的皮尔逊相关系数如表 3-18 所示。

表 3-18　不同影响因素的皮尔逊相关系数

参数	Pearson 系数
当日类型	0.423
次日类型	0.513
当日平均气温	0.438
当日出行影响度	−0.563

2. 神经网络

（1）卷积神经网络。卷积神经网络是一类包含卷积计算且具有深度结构的前馈神经网络，是深度学习的代表算法之一，其中 CNN 的卷积层通过卷积核进行特征提取和映射。池化层可以压缩参数的数量，减小过拟合，提高模型的容错率，全连接层可以组合先前提取的特征。

卷积层具有稀疏连接和权值共享的特征。稀疏连接可避免全连接神经网络参数过多问题，而权值共享则可减小网络的过拟合。1D-CNN 卷积层中为一维卷积核，卷积层的作用是使用一维卷积核在前一层输出特征图上平滑移动进行卷积操作，提取数据特征。一维卷积原理如图 3-14 所示。

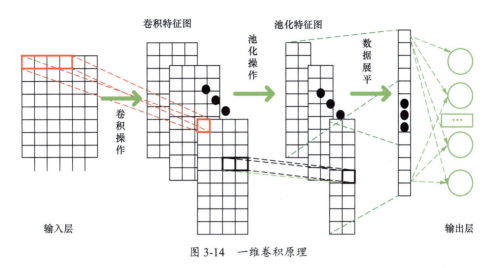

图 3-14 一维卷积原理

第 1 卷积层的第 j 输出卷积特征图可用式（3-5）表示：

$$x_j^1 = f\left(\sum_{i=1}^{I} x_j^{l-1} \otimes k_{ij}^1 + b_j^1\right) \tag{3-5}$$

式中：$\otimes$ 表示卷积操作；I 为第 1 卷积层的输入特征图数；k_{ij}^1 表示第 1 卷积层第 i 个输入特征图与第 j 个输出特征图之间对应的卷积核；b_j^1 为偏置；$f(\cdot)$ 为激活函数。

卷积层之后为池化层，其作用为对卷积特征图进行下采样操作，减小特征维度，提高特征鲁棒性。通常有最大池化和平均池化两种函数，最大池化仅保留局部特征中最大的数据点，而平均池化将局部特征数据取平均操作，具体池化操作的选区由任务性质而定。

经卷积层和池化层处理之后的数据可称之为原始数据的深层特征，全连接层的目的就是将这些深层特征进行展平操作，来完成回归或识别任务。

（2）长短期记忆网络。长短期记忆网络（Longshort-termmemory，LSTM）是最近在自然语言处理领域取得突出成绩的深度学习结构，已被证明能够较好地处理时序相关的数据。负荷数据正是典型的时序相关数据。

循环神经网络能够解决输入信息前后关联的问题，可以将先前的信息连接到当前的任务上。但是，在实际应用中发现，当先前的信息和当前任务之间的时间间隔不断增大时，循环神经网络会丧失连接到如此远的信息的能力。因此，为了解决这个问题，长短期记忆网络诞生了。对于一个给定的输入时间序列，标准的循环神经网络会通过迭代求解来计算网络隐含层向量和输出层向量，可用式（3-6）、式（3-7）表示：

$$h_t = S\left(W_{xh}x_t + W_{hh}h_{t-1} + b_h\right) \tag{3-6}$$

$$y_t = W_{hy}h_t + b_y \tag{3-7}$$

式中 W_{xh}、W_{hh}、W_{hy} 分别表示由输入层到隐含层、隐含层内部、隐含层到输出层网络权重系数；b_h、b_y 分别表示隐含层和输出层的偏差向量；表示隐含层神经元的激活函数。在标准的循环神经网络中，通常是采用 Sigmoid 函数作为激活函数。LSTM 则使用一个长短期记忆模块替代了标准循环神经网络中简单的隐含层神经元，因此具备了学习长期信息的能力。

LSTM 是一种特殊类型的循环神经网络，主要依靠经过精心设计的"门"结构来实现去除或者增加信息到细胞状态的功能。门是一种让信息选择式通过的方法，LSTM 拥有 3 个门，来保护和控制细胞状态，分别为：输入门、输出门和遗忘门。图 3-15 给出了一个典型的 LSTM 长短期记忆模块的结构。

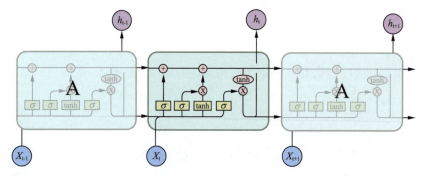

图 3-15　LSTM 结构图

细胞状态神经元即相当于标准循环神经网络中隐含层的神经元，该细胞状态神经元的激发输出 c_t 可用式（3-8）表示：

$$c_t = f_t c_{t-1} + i_t \tanh\left(W_{xc} x_t + W_{hc} h_{t-1} + b_c\right) \tag{3-8}$$

式中 c_{t-1} 表示 $t-1$ 个细胞状态神经元的输出；ft 和 it 分别表示遗忘门和输入门的激发输出结果；W_{xc} 表示从网络输入层到当前模块输入的网络权重系数；W_{hc} 表示从第 $t-1$ 个模块输出到第 t 个模块输入的网络权重系数；h_{t-1} 表示第 $t-1$ 个模块输出的结果；b_c 表示当前长短期记忆模块对应的偏差变量。

输入门主要依据上个输出 h_{t-1} 和当前的输入 x_t 决定更新哪些属性以及新属性的内容。如式（3-9）给出了输入门的激活输出 i_t。

$$i_t = s\left(W_{xi} x_i + W_{hi} h_{t-1} + W_{ci} c_{t-1} + b_i\right) \tag{3-9}$$

式中：s（·）表示 logisticsigmoid 函数；W_{xi} 表示从网络输入层到当前模块输入门的网络权重系数；W_{hi} 表示从第 $t-1$ 个长短期记忆模块输出到当前输入门的网络权重系数；W_{ci} 表示从第 $t-1$ 个细胞状态神经元到当前输入门的网络权重系数；b_i 表示当前输入门的偏差向量。

输出门主要是依据上个输出 h_{t-1} 和当前的输入 x_t 决定现在要输出什么，式（3-10）给出了输出门的激发输出 o_t。

$$o_t = s\left(W_{xo}x_i + W_{ho}h_{t-1} + W_{co}c_t + b_o\right) \tag{3-10}$$

式中：W_{xo} 表示从网络输入层到当前模块输出门的网络权重系数；W_{ho} 表示从第 $t-1$ 个长短期记忆模块输出到当前输出门的网络权重系数；W_{co} 表示从第 $t-1$ 个细胞状态神经元到当前输出门的网络权重系数；b_o 表示当前输出门的偏差向量。

遗忘门则主要是根据上个输出 h_{t-1} 和当前的输入 x_t 决定是否抛弃以前的状态内容，式（3-11）给出了遗忘门的激活输出 f_t。

$$f_t = s\left(W_{xf}x_t + W_{hf}h_{t-1} + W_{cf}c_{t-1} + b_f\right) \tag{3-11}$$

式中：W_{xf} 表示从网络输入层到当前模块遗忘门的网络权重系数；W_{hf} 表示从第 $t-1$ 个长短期记忆模块输出到当前遗忘门的网络权重系 W_{cf} 表示从第 $t-1$ 个细胞状态神经元到当前遗忘门的网络权重系数；b_f 表示当前遗忘门的偏差向量。

最终，长短期记忆模块的输出 h_t 可由式（3-12）求取。

$$h_t = o_t\tanh\left(c_t\right) \tag{3-12}$$

为了强化循环网络的这种信息记忆能力，研究人员还开发了各种各样的变形体，长短期记忆网络 LSTM 正是应用最为广泛的变体之一。

3. 案例分析

充电负荷预测模型的结构由三部分组成，如图 3-16 所示。第一部分是 CNN 模块，其中输入是 EV 充电负载的历史数据，旨在从历史数据中提取特征。第二部分是密集层，使用三个影响因素：温度、天气状况和日类型，作为输入的数据，处理它们的影响关系。第三部分是模型的核心，包含一个 LSTM 层，后跟 Dropout 和全连接层，其输入是从其他两个部分生成的级联特征向量。LSTM 模块可以进一步提取数据的时间特征，提高概率预测的准确性。

以 2022 年 7 月杭州 ×× 地区的数据为例，其数据涵盖住宅电动汽车充电负荷、温度、天气状况和日间等不同类型信息。前 21 天的数据用于训练 LSTM 模型，接下来的 8 天数据用于测试模型。数据根据模型输入设置分为 2 组。然后，可获得第二天的 96 点预测分位数。为了准确描述区域充电负荷的置信水平，有必要估计整个分布。因此，估计了一系列分位数 $\tau=0.05$, 0.1, …, 0.95，通过这些分位数，构建了 80% 和 90% 的置信区间。

电动汽车充电负荷 8 天预测结果如图 3-17 所示。该图展现了从 7 月 22 日 12:00 至 7 月 30 日 11:45 的 EV 充电负荷概率预测结果。7 月某天的 EV 充电负荷概率详细预测结果如图 3-18 所示，区间的预测效果较好，两个区间都很窄，大多数点都在区间和预测区间的宽度内。图中显示 EV 充电负荷曲线在 0:00 左右达到最大值，符合居民区电动汽车充电负荷行为的特点。

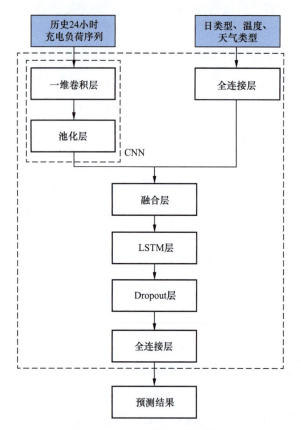

图 3-16 充电负荷预测模型结构

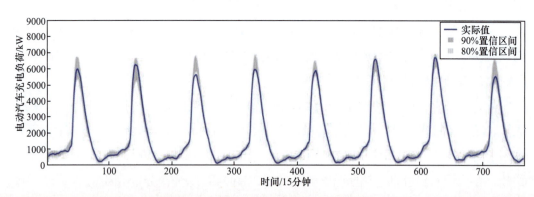

图 3-17 电动汽车充电负荷 8 天预测结果

为评价区间预测的可靠性，采用区间覆盖概率预测（PICP）。PICP 定义为在置信水平为 α 的情况下，观测值落在预测区间的概率可用式（3-13）求取：

$$PICP = \frac{1}{N}\sum_{i=1}^{N}\delta_i \qquad (3\text{-}13)$$

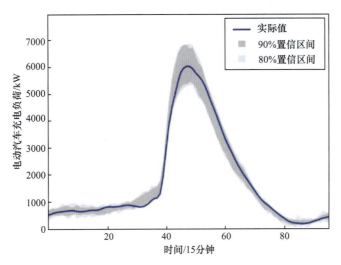

图 3-18　电动汽车充电负荷单天预测结果

为了评价区间预测的集中程度，通过预测区间归一化平均宽度（PINAW）来评估，可用式（3-14）求取：

$$\text{PINAW} = \frac{1}{NR} \sum_{i=1}^{N} \left(U_t^\alpha - L_t^\alpha \right)$$
（3-14）

预测模型获得的所有测试数据的评估指标如表 3-19 所示，预测模型在构造区间覆盖测试数据的概率方面表现出较高的准确度，展现了其在真实应用场景中的鲁棒性和可信度。这种基于复合分位数回归理论和 LSTM 神经网络的综合方法，为电动汽车充电负荷的概率性预测提供了一种新的、可行的解决方案。

表 3-19　预测模型评估指标

第几天	80% 置信区间		90% 置信区间	
	PICP(%)	PINAW(%)	PICP(%)	PINAW(%)
1	91.67	8.20	95.83	10.56
2	87.5	7.67	100	9.90
3	79.17	6.13	89.58	8.53
4	88.54	5.88	98.96	8.32
5	93.75	5.71	100	8.01
6	91.67	5.31	98.96	7.36
7	94.79	5.3	100	7.22
8	95.83	8.9	100	11.43
总	90.36	5.88	97.92	7.90

（五）台区动态时空负荷预测技术

基于皮尔逊相关系数的用户负荷行为影响因素（当/次日类型、温度、天气类型等）分析方法。通过采用"日前预测＋日内修正"的思路，构建基于深度学习的台区级负荷在线动态预测方法，基于日前预测结果在日内进行实时跟踪和动态修正，显著提升台区内电动汽车集群负荷预测准确性。

1. 在线动态预测策略

基于负载模式识别的优化策略指的是受季节和用电模式变化的影响，负荷分布具有序贯性和周期性特征。可以从历史数据中聚类和提取年度典型负荷概况。然后对每一种日前预报结果的特征进行细化，利用粒子群算法（PSO）得到一组相应的校正参数。在预测日，通过在线监测，实时识别负荷模式，判断是否满足条件，相关在线细化策略流程步骤如图 3-19 所示。

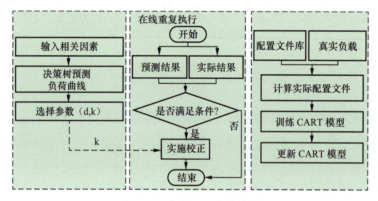

图 3-19　在线细化策略流程

（1）在线细化策略。校正的开始要求误差满足一定的条件。因此，采用模糊逻辑的方法来确定修正的必要性。在过去的 4 个点中具有相同错误符号的点的数目和这些点的平均错误率是模糊网络的两个输入参数。模糊数据是神经网络处理的难点。然而，该策略可以在数据模糊的情况下计算出修正的必要因子并做出决策。模糊网络的两个输入参数定义如下：

点数： 检查过去最接近的四个点的错误符号算与最后一个点有相同错误符号的点。需要注意的是，点数是连续的，以免出现误判。

平均错误率 E_p： 计算 $\omega_\lambda(x)=\exp(-\lambda t_x)$ 以上各点误差百分比的平均值。误差百分比 E_p 定义，可用式（3-15）表示：

$$E_p = \frac{P_i + \Delta P_i}{P_i} \tag{3-15}$$

其中 P_i 为该点的预测值，ΔP_i 为实际值与预测值之间的误差。模糊集的隶属函数如

图 3-20 所示。

这些规则是根据获得的经验制定的。对于每条规则，根据最小算子计算射击强度，可用式（3-16）表示：

$$\mu_i = \min\left(\mu_{pb}, \mu_{ep}\right) \qquad (3\text{-}16)$$

在计算出所有规则的射击强度后，给出的加权平均式子修正必要因子 d 可用式（3-17）求取：

$$d = \frac{\sum\limits_{i=1}^{N} \mu_i \alpha_i}{\sum\limits_{i=1}^{N} \mu_i} \qquad (3\text{-}17)$$

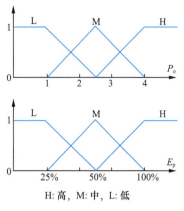

图 3-20　输入变量的隶属函数

因此，通过计算 α 得到校正必要因子 d。当 d 大于阈值时，对日前预测结果进行修正，定义见式（3-18）：

$$P_i' = P_i + \Delta P_i \qquad (3\text{-}18)$$

其中 P_i' 为修正后的新预测结果。

离校正点越近，补全项目的绝对值越大，保证距离较远的点不会被过度校正。

（2）负荷剖面提取。采用 Wk-Means 算法可以自动为变量分配权重。W-k-Means 算法的目标函数定义，可用式（3-19）表示：

$$P(U,Z,W) = \sum_{l=1}^{k}\sum_{i=1}^{n}\sum_{j=1}^{m} u_i n_j^\beta d\left(x_{i,j}, z_{i,j}\right) \qquad (3\text{-}19)$$

其中 u 是 $n \times k$ 划分矩阵，Z 是 k 个向量的集合，表示 k 个簇的质心。u_{ij} 为二进制变量，$u_{ij}=1$ 表示对象 I 分配给集群 1。与 k-Means 算法相比，在 W-k-Means 算法中增加了 m 个变量的权值 $W=[w_1, w_2, \cdots, w_m]$，以及属性权值 w_j 的参数时延。

（3）可调参数。可变权重与簇内距离和之间的单调性。在此使用 CART 进行负荷预测校园级负荷，其电力消费行为，受生产需求、假期和天气条件的影响。通过该预测负荷模式有助于选择合适的校正参数。根据提前一天获得的相关因素和负载模式标签，可以在监督下训练负载轮廓分类器。这种需求激发了使用决策树对基于特征和属性的负载模式进行分类。分类回归树（CART）是一种最先进的决策树。它可以处理标称属性和连续属性，并过滤不相关的特征。采用二分法选择连续属性的分割点。这种方法的一般原理可以简单地描述如下。对数据集 D 上连续属性 $a\{a_1, a_2, \cdots, a_n\}$ 的 n 个值，从大到小进行排序。将点 t 分离为 $D-t$ 和 $D+t$ 的子集，根据 a 不大于或小于 t 的值。在这里，截断点集合可用式（3-20）表示：

$$T_a = \left\{ \frac{a^i + a^{i+1}}{2} \mid 1 \leqslant i \leqslant n-1 \right\} \quad (3\text{-}20)$$

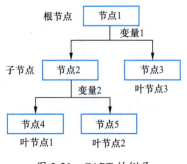

图 3-21　CART 的例子

CART 分类树是一种结构简单的二叉树。节点 1 为根节点，包含所有数据。采用递归分割技术选择变量，并根据分割准则 Gini-index 对树进行分割。CART 的例子如图 3-21 所示。

其中定义属于类别 k（$k \in k$）的概率 Pr_k，可用式（3-21）表示，也就是说，基尼指数越小，数据集 D 的纯度越高。

$$Gimi(D) = \sum_{k=1}^{K} Pr_k (1 - Pr_k) = 1 - \sum_{k=1}^{K} Pr_k^2 \quad (3\text{-}21)$$

根据选择的自变量 1，根节点分为两个子节点，节点 2 和节点 3。如果仍然存在变量，则子节点继续分支，直到满足以下规则之一：

节点中的记录数小于预设的最小记录数；

节点杂质小于分裂判据的预设最小值。

当前树深已达到预设最大树深。如果该节点不能分支，即节点 3、节点 4、节点 5，则认为该节点为叶节点。CART 算法通过去除冗余分支来防止过拟合，包括预剪枝和后剪枝两种方法。目前该技术采用了后剪枝方法。

（4）负荷轮廓识别以更新 CART 模型。CART 可以提前一天预测负荷模式，根据预测的负荷标签选择参数组。然而，实际负载配置应该通过全天负载和负载配置集群模式来识别。该技术采用基于动态时间规整 DTW 相似度算法的 KNN 分类器。DTW 算法优化了两个序列在时域上的对齐，并使用了以动态规划方法计算最小的累计代价作为对齐距离。它可以适应水平时间轴上的膨胀和收缩，根据波形特征精确计算相似度。两组时间序列 x 和 y 的长度分别为 s 和 t，两个序列上两点之间的距离 $d(i, j)$ 首先由欧几里得距离计算，可用式（3-22）表示：

$$d(i, j) = (x_i - y_i)^2 \quad (3\text{-}22)$$

累积距离 $d(i, j)$ 可用式（3-23）表示。累积距离 $d(i, j)$ 是当前网格点距离，它是点 x_i 和 y_j 的欧氏距离（相似度）与相邻最小元素到该点的累积距离之和：

$$D_{i,j} = d(i, j) + \min\{D_{i,j-1}, D_{i-1,j}, D_{i-1,j-1}\} \quad (3\text{-}23)$$

DTW 的最终计算结果为最佳路径各点的距离之和，即累积距离达到最小的路径。

DTW 通过扭曲路径计算累积距离（相似度）如图 3-22 所示，其显示了 DTW 矩阵的计算过程。表示最优对齐的扭曲路径用黑色标记。通过上述计算方法，两个载荷序列整体上具有非常相似的形状特征，即使它们的形状变化在 x 轴上没有完全对齐，也可以更准确地计算出相似度。

其算法描述如下：①计算距离：计算测试数据与每个训练数据之间的距离，并采用了 DTW 算法；②排序：按照距离的递增关系排序。选取距离最小的 K 个点；③计算频率：确定前 K 个点的类别出现频率；④返回结果：返回前 K 个点中频率最高的类别作为测试数据的预测类别。

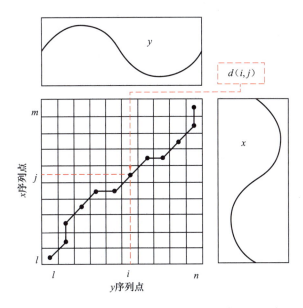

图 3-22　DTW 通过扭曲路径计算累积距离（相似度）

当预测日后的负荷模式被确定后，给出的 CART 模型可以通过一组新的输入（天气、假期、月份）等和输出负荷模式标签进行训练。更新后的 CART 模型可以在下一个预测日使用。在对历史每日负载配置文件进行聚类之后，每一天都会得到一个标签。此外，每个历史日前预测结果都可以根据标签进行分类。一个标签对应一组校正策略参数。基于前日预报结果聚类，采用粒子群算法优化修正参数。选择 PSO 的另一个原因是它处理复杂模型的能力。优化问题只需打包成一个带有输入和输出变量的函数。评估所有粒子的适应度，并在需要时更新全局和个人最佳位置。将仿真结束时的全局最优作为问题的解。

其输入为校正必要性因子 d 和衰减系数 k，输出为精化策略对同一数据集的影响，用平均校正次数和最终精度表示。子函数有助于量化不同参数下优化策略的效果。此外，对不同标签的数据集进行了多组参数优化。平均修正次数和最终精度，由相同标签的前一天预测结果计算，是该函数的输出。首先设置粒子数 N。Best 表示最佳位置的个数，保证了在最少的修正次数下平均精度最高。最优参数组为最佳粒子位置（dbest，kbest）。确定粒子的最佳位置如图 3-23 所示。

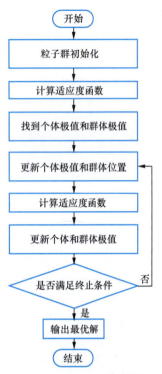

图 3-23　确定粒子的最佳位置

从历史的静态数据中学习有用的信息来生成内部参数，但预测模型上线运行则需要模型在动态数据流中不断更新和迭代。随着智能电网的建设，智能电表的普及率也越来越高，这极大地促进了对实时变化的信息的充分利用，改善了电网的运行和控制。由于电能消费数据和光伏发电数据都受到复杂的环境影响，而大量数据常以数据流的形式到达，伴随着不断发生的演化，可能会产生数据流中的概念漂移。

2. 概念漂移检测及更新

基于概念漂移检测的功率预测模型的更新方法是指采用相关系数向量集反映自变量和因变量之间的映射关系，并采用自适应窗口（ADWIN）检测数据流中是否发生概念漂移。当检测到概念漂移时，模型将在滑动窗口上的数据集上进行训练，摒弃数据发生漂移前的数据集，保证模型学习到最新的模式信息。

（1）概念漂移。在数据流的上下文中，在特定时间 t，分布被定义为 $P_t(x,y)$，在特定时间段 $[t,u]$，它被表示为 $P[t,u](x,y)$。当输入和目标之间的关系，可用式（3-24）表示：

$$P_t(x,y) \neq P_u(x,y) \qquad (3\text{-}24)$$

上面的定义包括两类，一种是广义概念漂移（Loose Concept Drifting，LCD），它指数据样本分布发生变化，而真正的概念，即数据流的条件分布保持相对稳定。一种是狭义概念漂移（Rigorous Concept Drifting，RCD），数据样本分布和条件分布都在不断变化。在此探讨的是狭义概念漂移。其中条件分布 $P(y|x)$ 将由一组相关系数向量来衡量。为了处理数据流中的概念漂移，提高短期负荷预测的准确性，本节建立了自适应学习模型。基于概念漂移检测（CDD）的预测模型更新方法的算法框架如图 3-24 所示，主要包括以下几个模块：

1）在获得实际功率序列后，基于典型相关分析（CCA）计算滑动窗口上的相关系数向量 CCV。该向量反映自变量和因变量之间的映射关系，是概念漂移检测算法的输入。CCA 能够完成两组不同维度的变量的相关性分析。

2）将相关系数向量输入 ADWIN 算法，检测是否发生概念漂移。算法将更新信号（0 或 1）输出到更新模块。

3）如果更新信号为 1，在一个滑动窗口上用最近的数据更新预测模型。窗口长度与 ADWIN 设置相同。当更新信号为 0 时，说明数据流中不存在演化，模型可以保持静态。

4）使用最新的模型来预测下一次。当获得实际负荷序列时，重复上述步骤。

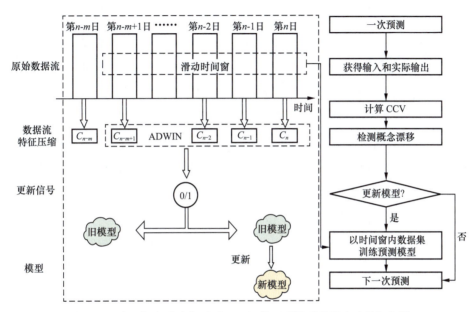

图 3-24　基于概念漂移检测（CDD）的预测模型更新方法的框架图

（2）算例分析：该算法为上线运行解决了模型更新迭代的问题。以负荷功率预测算法为例，说明基于概念漂移检测的模型更新算法的效果。为了便于比较，引入了其他两种模型更新算法作为比较对象。

1）部分记忆法（Partial Memory，PM）。只把最近的数据集放在训练时间窗里。历史数据存储在先进先出数据结构中。在每个时间步长中，模型训练只使用窗口中包含的数据集进行更新。部分记忆法更新模型示意图如图 3-25 所示。

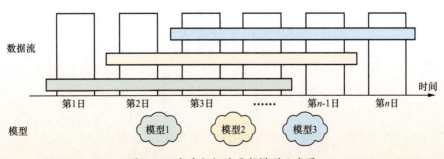

图 3-25　部分记忆法更新模型示意图

2）权重训练法（Weighting Examples，WE）。将所有数据集存储在内存中。根据时间先后分配示例的权重。数据集 x 是在 t_x 时间步前，它的权值可以用式（3-25）计算，时间最早的数据权重最低。

$$\omega_\varepsilon(x) = \exp(-\varepsilon t_x) \qquad (3\text{-}25)$$

以某工业园区数据集为实验对象，选取该园区负荷数据集有效数据跨度为203天，从2019年6～12月，分为初始训练集（30天）和测试集（173天）。从训练集训练生成一个初始预测模型，然后在测试集上滚动运行，并按照前述两种方法和该技术提出的方法更新。预测算法选取目前最先进的时序预测神经网络长短期记忆网络（LSTM）。所有的预测都是在 TensorFlow 包中实现的，在一台 PC 上使用 Intel(R) Xeon(R) CPUE5—2650v3@2.30GHz 和 128-GBRAM 内存。

三种更新方法性能对比图如图3-26所示，图中显示每一天的预测性能（准确性和运行时间）。三种方法的 MAPE 相似，但从运行时间上看，CDD 明显优于 PM 和 WE。如蓝色条所示，模型只在特定的日期更新，这些日期已经标记在 x 轴上。为演示 CDD 的过程，预测和实际负荷发生概念漂移的过程。

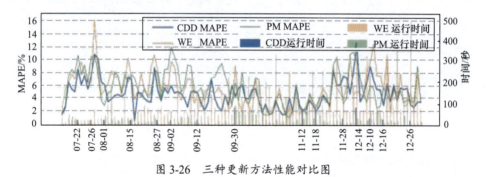

图3-26　三种更新方法性能对比图

CDD 运行效果图如图3-27所示。2019年12月9日前的预测精度较高。

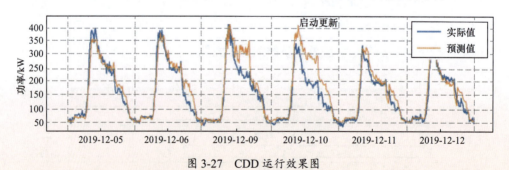

图3-27　CDD 运行效果图

（六）基于多元特征分析的非侵入式负荷监测技术

针对现有技术无法对居民负荷多时间尺度特征进行有效提取，相应云边协同机制缺失的问题。通过建立完整的用户行为模型，进一步分析用户用电行为特征，提取用户电器用电特征，开展非侵入式监测技术研究，并提出基于形位（shapelet）特征的多时间尺度非侵入式辨识方法及其云边协同机制，构建分钟级、秒级和暂态电器特征波形，实现用户电器用电情况和用户行为精细化感知。

1. Shapelet 变换用于特征提取

（1）时间序列 Shapelet。Shapelets 是一组用于时间序列数据挖掘的子序列或片段。它们提供了一种时间序列的共同局部特征，可以与其他类型的时间序列明显区分。在 shapelets 的生成过程中，首先需要生成一系列候选子序列，并选择能够代表这类候选子序列的形状相似特征以及这类候选子序列与其他候选子序列之间的形状区分特征的候选子序列。其次，需要提供候选对象之间的距离度量来描述相似性，并提供评估度量来区分不同类型的候选对象。

1）Shapelets 候选人。将长度为 1 的时间序列 S 定义为长度为 m 的时间序列 T 中连续 1 个数据点的子序列。将序列 T_i 中长度为 1 的所有子序列集合记为 $W_{i,l}$，将数据集 T 中长度为 1 的所有子序列集合记为 W_l，可用式（3-26）表示：

$$W_1 = \left[W_{1,1}, W_{2,1}, \cdots, W_{n,1} \right] \tag{3-26}$$

其中，n 为数据集 T 中时间序列的个数。因此，数据集 T 中所有候选 Shapelets 的集合，可用式（3-27）表示：

$$W = \left[W_1, W_2, \cdots, W_m \right] \tag{3-27}$$

2）相似性度量。首先，定义长度为 1 的两个序列 S 和 R 的欧氏距离，可用式（3-28）表示：

$$d(S,R) = \sum_{i=1}^{l} (s_i - r_i)^2 \tag{3-28}$$

其中 s_i 和 r_i 是 S 和 R 中的第 i 个数据点。通过计算欧几里得距离来测量候选 S 与原始序列 T_i 之间的相似度 $D(S,T_i)$。在这里，候选 S 与原始级数 T_i 之间的欧氏距离被定义为最小距离，候选 S 与序列 T_i 的所有长度为 1 的子序列之间的关系，可用式（3-29）表示：

$$D(S,T_i) = \min d(S,R) \tag{3-29}$$

因此，可以得到候选序列 S 与 T 中所有序列的一组相似度 DS，可用式（3-30）表示。

$$DS = \left[D(S,T_1), D(S,T_2), \cdots, D(S,T_n) \right] \tag{3-30}$$

3）候选人素质评估。使用相似度集 DS 来确定候选 Shapelet 的质量，即它们区分该类与其他类的能力。质量可以通过信息增益或其他方法来评估，如 F-stat，情绪中位数或排名顺序统计。在这项工作中，使用二进制信息增益算法来评估候选的区分能力。这里，

定义 N 为所有时间序列的所有子序列的样本数。将其中一种电器定义为"A 类"。这类有 M_1 个样本那么其他课有 N-M_1 个样本。对于所有属于"A 类"的子序列，它们与所有"A 类"原始序列的最大距离（相似度）为 δ_1，它们与其他类别原始序列的距离数为 b_1。同时，它们与 δ_1 以下的其他类原始序列的距离为 b_2。对于时间序列 T_i 的子序列 S_j，信息熵 $H(S_j)$ 和信息增益子序列 S_j 的 Gain (S_j) 可用式（3-31）、式（3-32）计算：

$$H\left(S_j\right) = -\frac{M_1}{N}\log_2\frac{M_1}{N} - \frac{N-M_1}{N}\log_2\frac{N-M_1}{N} \quad （3-31）$$

$$\text{Gain}\left(S_j\right) = H\left(S_j\right) - \frac{M_1}{N}\log_2\frac{M_1}{M_1+b_2} \quad （3-32）$$

（2）Shapelet 变换。基于 Shapelet 的分类本质上是一个序列匹配问题，需要使用最接近的早期的邻居算法。

首先，从 Shapelet 候选数据集 W 中提取一个包含 k 个具有较大信息增益的 Shapelet 元素的集合 F。其次，对于数据集 T 的每个实例 T_i，计算 T_i 与 S_j 之间的相似度 $D(S_j，T_i)$，其中 $j=1,2,\cdots,k$。生成的 k 个相似度用于基于数据集 F 形成转换后数据的新实例作为 k 个特征，其中每个特征对应于每个 Shapelet 到原始时间序列的距离。

在生成训练集和测试集时，只从训练集中提取 Shapelet 来构建模型，然后根据提取的 Shapelet 集对训练集和测试集的所有样本进行变换，从而构建变换后的训练集和测试集。

最后，变换后的训练集和测试集可以与任何传统的分类算法相结合，如朴素贝叶斯（NB）、随机森林（RF）等。

2. 基于 NILM 的多时间尺度 Shapelets

（1）问题和 NILM 框架。

1）问题陈述：NILM 问题的目标是通过分析智能电表外部的聚合电信号来发现设备的启动或停止。总有功功率，可用式（3-33）表示：

$$P_t = \sum_{i=1}^{m} P_{i,t} + \delta_t \quad （3-33）$$

式中，P_t 和 $P_{i,t}$ 分别为第 t 秒总电器和第 i 台电器的有功功率；δ_t 是第 t 秒的所有测量误差。

2）NILM 框架：NILM 框架概述如图 3-28 所示。该框架可分为两个不同的部分，即离线培训和在线监控。

离线训练部分旨在通过事件和波动检测，从聚合的电信号中提取电器在不同时间尺度上的状态变化。经过事件和波动检测后，需要提取不同时间尺度上的 Shapelets 等电特征，并构造 Shapelets 变换。最后，得到用于在线监测的预训练分类器。

在线监测部分将实时数据输入到预训练的分类器中，得到实时分类结果。

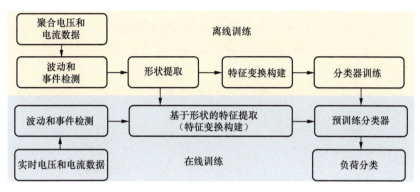

图 3-28　NILM 框架概述

（2）事件和波动检测。NILM 的负荷分类依赖于准确的事件和波动检测。当电器的启动和停止状态发生变化时，其工作电流也会随时发生变化。

事件检测主要针对启动和停止在短时间尺度内变化较快的电器，如水壶，其启动时间较短。波动检测主要针对长时间（分级）运行时功率持续波动的电器，如变频空调（AC）。

1）事件检测：通过观察有功功率来检测事件。事件检测的关键是找出总有功功率在时间序列上的突变。相邻测量时间有功功率变化，可用式（3-34）表示：

$$\Delta P_{t-1,t} = \left| P_t - P_{t-1} \right| \tag{3-34}$$

式中，$\Delta P_{t-1,t}$ 为时间 t 与前一时刻的有功功率变化量。当器具运行稳定时，$\Delta P_{t-1,t}$ 波动范围较小。当电器发生启动或停止事件时，$\Delta P_{t-1,t}$ 会突然变化。

假设 $\Delta P_{t-1,t}$ 的突变阈值为 T_f。但是，如果外部发生较大的扰动，$\Delta P_{t-1,t}$ 也可能突然发生变化。当扰动结束时，有功功率将恢复到原始状态。如果发生电器启动或停止事件，事件前后的有功功率变化将超过事件阈值 T_e。因此，事件检测条件可以建模，可用式（3-35）、式（3-36）表示：

$$\Delta P_{t,t-1} \geqslant T_f \tag{3-35}$$

$$\Delta P_{t1,t2} \geqslant T_e \tag{3-36}$$

其中 t_1 和 t_2 分别是事件的开始和结束。事件检测的实例如图 3-29 所示。

2）波动检测。有些电器在启动时，电流增长缓慢，没有突然变化，在运行过程中电流不断变化（这种变化与干扰不同）。此时，事件检测可能无法识别此类电器的启动和操作。为了更好地识别运行状态在长时间尺度上连续变化的电器，在分离稳定运行的电器后，从汇聚功率出发，提出以下波动检测原理：

73

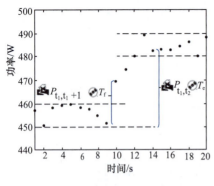

图 3-29 事件检测的实例

设置滑动窗口 GL，时间长度为 M，滑动间隔为 N。

计算滑动窗口 GL 中的有功功率范围 R^{fluc} 和方差 s^2，计算方法可用式（3-37）、式（3-38）表示：

$$R^{\text{fluc}} = \max_{t=1}P_t - \min_t P_t, t = 1, 2, \cdots, M \qquad (3\text{-}37)$$

$$s^2 = \frac{\sum_{t=1}^{M}\left(Pt - \bar{P}_t\right)^2}{M-1} \qquad (3\text{-}38)$$

将滑动窗口 GL 中的有功功率范围 R^{fluc} 和方差 s^2 与其阈值 R^{fluc} 和 s_e^2 进行比较。当满足下列条件时，可以确定此时有一器具在变功率运行，可用式（3-39）、式（3-40）表示：

$$R^{\text{fluc}} \geqslant R_e^{\text{fluc}} \qquad (3\text{-}39)$$

$$s^2 \geqslant s_e^2 \qquad (3\text{-}40)$$

式中 P_t 为时间窗 GL 的平均有功功率。最后，波动检测如图 3-30 所示。

（3）基于多时间尺度 Shapelets 的特征提取。特征提取的任务是获得经过事件和波动检测后的运行电器的特征。在这项工作中，选择提取不同时间尺度的电流小波来表征电器。

1）多时间尺度介绍：通过选取短时间尺度、过渡过程和长时间尺度三种时间尺度尽可能全面地挖掘电特性。

①短时间尺度。当相同的电压施加到不同物理特性的电器两端时，连续波

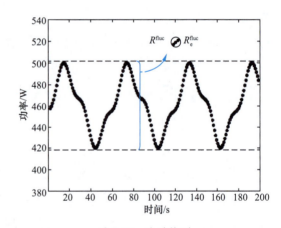

图 3-30 波动检测

会有明显的不同。从不同电器在稳态运行时的一个周期的连续波中提取出能够代表这些特征的特征，就可以对电器进行类别识别。因此，在较短的时间尺度上，可以从电力稳态时一个周期的瞬时连续波中提取电流小波作为本尺寸电气特征的器具。利用事件前后相同相位电压的一个周期内对应的瞬时连续波的差值，可以提取器具一个周期内的稳态瞬时连续波。连续波 G^s 的长度可用式（3-41）表示：

$$\text{length}\left(G^s\right) = \frac{f_s}{f_t} \qquad (3\text{-}41)$$

其中 f_s 和 f_t 分别为采样频率和基频。

②瞬态过程。由于电器的物理特性不同，从关闭到打开的瞬态过程的电气特性也不同。此外，具有相同稳态瞬时连续波的电器在瞬态过程中的电流序列也不同。因此，可以从不同的时间尺度观察到电器的不同特性，增加了对电器的辨别。电流小波从瞬态过程的电流均方根（RMS）序列中提取作为电特征。为了便于序列长度的统一，提取以 t_1 为起始时间，以 T^T 秒为持续时间的当前 RMS 序列。因此，候选长度 G^T 计算方法可由式（3-42）表示：

$$\text{length}\left(G^T\right) = T^T \times f_t \tag{3-42}$$

③长时间尺度。长时间尺度的特征提取用于提取正常运行时功率变化的电器的特征，并安排在波动检测后进行。当检测到功率变化的电器时，将长度为 M 的滑动时间窗 GL 中的电流 RMS 序列作为候选项提取该维度的电流 Shapelets，候选项的长度等于 GL 的长度。

2）Shapelet 变换的构造。构建离线训练阶段和在线监测阶段的事件和波动检测，基于多时间尺度 Shapelet 的特征提取，以及不同时间尺度下 ST 的构建。基于多时间尺度小波变换的特征提取与构造如图 3-31 所示。

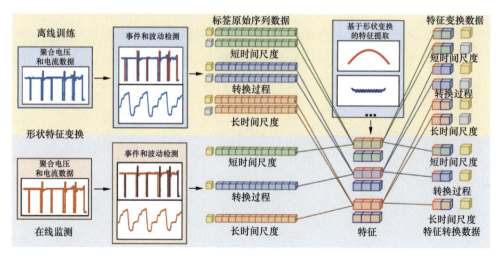

图 3-31　基于多时间尺度小波变换的特征提取与构造

在 Shapelet 提取过程中，在极端情况下，每种类型至少需要两个样本。如果对内部电路结构相同的器具两端施加相同的电压，则器具稳定运行后的连续波基本相同。因此，可将每种电器的训练样本减少到 2 个，以提高 NILM 的部署效率，降低对数据的要求，并且仍然可以获得较高的分类精度。

（4）多时间尺度集成分类器。

1）合装分级机。集成学习不是单一的机器学习算法，而是通过构建和组合多个机器学习器（基学习器）来完成学习任务。对于训练集数据，可以通过训练几个弱学习器和一定的组合策略，最终形成一个强学习器，从而吸收所有这些学习器的优点。一般的集成学习算法可以分为两类。一种是序列算法，它是由多个异构基学习器连续生成的，如 boosting 算法。另一种是并行化算法，其中并行生成多个同构基学习器。个体之间没有很强的依赖性，最终结果是个体预测结果的平均值，如 bagging 算法。本次技术的分类算法采用集成袋装分类器。

2）多时间尺度集成学习。提出集成袋装分类器的构建过程包括以下几个步骤：

①将基础学习器的个数设为 MD，全部表示为 D1，…，DMD。对于每个基学习器 Di，设置训练样本个数为 NDi，并采用自举方法提取训练样本。

②设基础学习器 Di 的最大特征数为 kDi，其中 kDi 需要满足 kDi$<k$。对于每一个，这些 kDi 训练特征都是通过 bootstrapping 方法从原始的 k 个特征中提取出来的。

③确定基学习器的学习算法。基础学习器可以设置为 DT、MLP 等不同的机器学习算法，经过以上步骤，训练过程就可以开始了。为了保证每个基学习器的一致性，决定所有基学习器使用相同的算法。

④在开始预测时，每个基学习器将提供概率向量 $P_i^{\text{base}} \in R1 \times N2$，其中向量 $p \in P_i^{\text{base}}$ 的每个分量表示其所属的每个类别的概率，并计算 MD 基学习器的平均概率向量 p^G。p^G 为该时间尺度下的预测结果，由式（3-43）计算得出：

$$P^G = \frac{1}{MD} \sum_{i=1}^{MD} P_i^{\text{base}} \qquad (3\text{-}43)$$

⑤在得到每个时间尺度上的预测结果后，最终的预测概率向量 P^{final} 可以参考预测算法对时间尺度的选择计算，P^{final} 由式（3-44）计算。设置预测阈值 δ^{final} 来预测概率向量的最终集合预测结果。

$$P^{\text{final}} = P^G \times \omega^G \qquad (3\text{-}44)$$

式中，$\omega^G \in R1 \times 3$ 为各时间尺度的权重向量，各分量的值表示各时间尺度的分类结果在集合预测结果中的权重。各分量的关系满足式（3-45）。特别是当其中一个分量为 0 时，表示该时间尺度不参与算法。

$$\omega^G[0] + \omega^G[1] + \omega^G[2] = 1 \qquad (3\text{-}45)$$

同时，多时间尺度集成分类器的训练与测试如图 3-32 所示。多时间尺度集成分类器的离线训练和在线测试过程。

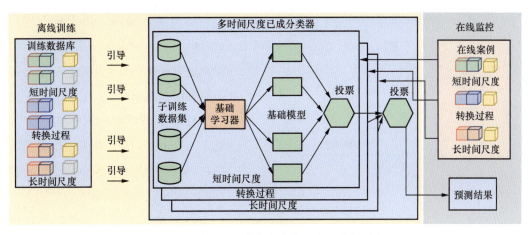

图 3-32　多时间尺度集成分类器的训练与测试

二、全时空交互的安全可靠新型电力计量保障支撑技术

（一）技术原理

针对计量多维支撑保障技术手段体系弱的问题，从计量"安全 - 运维"双角度对支撑保障技术开展研究，形成了全时空交互的安全可靠的新型电力计量保障支撑技术，有效解决了计量安全监测、智能化运维等方面的技术难题。其主要包括新型电力计量安全技术、新型电力计量智能运维技术两大方面内容，全时空交互的安全可靠新型电力计量保障支撑技术路线如图 3-33 所示。

图 3-33　全时空交互的安全可靠新型电力计量保障支撑技术路线

（二）新型电力计量安全技术

1. 基于跨链技术的电动汽车有序充电需求数据共享方法

基于跨链技术的车桩数据共享方法指的是通过电力数据上链保存共享，利用区块链定制化数据同步方法以及支持全时空跨链数据共享方法，使数据具有公开透明和可追溯性，并通过区块链分享技术理念的电动汽车分布式有序充电应用方案，缓解电动汽车居民小区充电负荷过载现象，降低台区配变负载率峰值。数据通信格式如图 3-34 所示。

该数据共享方法通过接收用户输入的充电时间段信息，根据普通经济策略、急充策略和纯经济策略里程等生成普通经济图形数据、急充图形数据或纯经济图形数据信息，执行充电操作。其实现电动汽车有序充电方法流程包括以下几个模块：

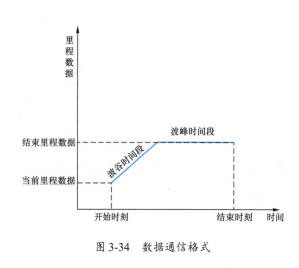

图 3-34　数据通信格式

（1）请求模块。用于响应用户的充电请求，调取预设充电策略，预设充电策略包括急充策略、普通经济策略和纯经济策略。

（2）分析模块。用于接收用户输入的充电时间段，根据充电时间段调取区块链中用户对应的历史里程数据进行分析，得到最低里程数据。

（3）图形模块。用于根据普通经济策略和最低里程数据对充电时间段进行分解处理，得到需求时间段、波峰时间段和波谷时间段，基于需求时间段、波峰时间段和波谷时间段生成普通经济图形数据。

（4）充电模块。用于根据急充策略和充电时间段生成急充图形数据，根据纯经济策略和充电时间段生成纯经济图形数据，接收用户对普通经济图形数据、急充图形数据或纯经济图形数据的选中信息，执行充电操作。区块链车桩数据共享方法如图 3-35 所示。

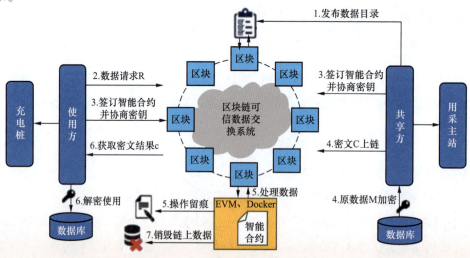

图 3-35　区块链车桩数据共享方法

2. 电动汽车充电计量安全监测技术

针对电动汽车电池充电计量安全监测要素不充分、充电对象及场景安全预警机制不足的问题，提出了融合内部老化机理和外部健康特征的电动汽车电池健康状态评估方法，并研制了充电设备安全特征数据采集模块、基于电池状态分析的充电安全状态评估模型。同时，提出基于模式动态切换的充电监测保护方法和信息同步互联方法，对可停车区域的车辆进行多维度充电行为监测，结合监测结果对用户进行有效预警。

基于电动汽车电池健康状态的充电安全评估技术主要有以下几个方面。

（1）电池状态外部状态估计。在成组电池中，电池的不一致性的表征最明显、最易监测到的是各单体电池电压的差异。而造成不同电池单体电压差异的原因是多样的，其中主要关注的影响因素是电池的容量、内阻以及放电区间。电池组中的异常电池的主要表现大多也与电池的容量、内阻等密切相关，因此可以通过电池的电压反应。

电池组中常见的异常主要有：电池绝缘破损、电池内短路以及电池漏液等。若电池绝缘破损，则其自放电现象将较严重，而对容量和内阻的影响较小，因此，在外特性上可能表现为充放电电压较低；若电池存在内短路，其容量将大幅减少；对于电池漏液，由于电解液的流失，电池的导电能力将会降低，同时大量的锂离子流失，必将使电池的容量迅速衰减、内阻增加，反映在电池电压上则是电压偏高。造成电池电压的高低差异的原因有很多，但由上述分析可以初步判断，电压表现为偏高或偏低的电池，成为异常电池的可能性更大。现有的电池管理系统已经可以做到对电池组内所有电池单体监测。对于前面提到的这类电池可以通过统计的方法将其从所有电池中筛选出来，根据统计单体电池在电池组中出现最高或最低电压的次数，可以初步筛选出频次或频率较大的电池单体，即初步筛选部分易发异常的电池。但仅通过统计这一方法获取的数据准确性较差，往往容易造成后续的无用分析等问题。

通过对大量的电池充电数据进行分析发现，充电过程中可将电池组内电池单体的电压变化行为分成如下5种电压一直偏高、电压一直偏低、电压先低后高、电压先高后低和其他。正如上述分析，电压偏高可以反映容量偏小或内阻偏大，电压偏低可以反映电池的自放电现象的强弱，但仅通过分析电压高低容易造成误判和判断效率较低的问题。通过数据分析发现，电池在充放电过程中的电压变化趋势能更准确地、有效地反映电池的不一致性。以充电过程为例：在这一过程中，电压变化表现为先高后低的电池单体往往是因为其容量较大，充放电深度较浅，造成其初始SOC较其他电池偏大，因此此类电池相对不易出现电池衰退、异常和安全问题；而电压变化趋势为先低后高的电池往往是由于其容量偏小、内阻偏大、放电深度较深等。对比电压一直偏高的电池，这类电池的容量与内阻等各方面问题更加显著。以充放电过程中SOC作为横坐标，形成曲线的公式可用式（3-46）表示：

$$diff(SOC)=\frac{V(SOC)-V_{\min}(SOC)}{V_{\max}(SOC)-V_{\min}(SOC)}\times100\% \qquad （3-46）$$

式中 $V(\text{SOC})$ 是对应 SOC 的选定单体电池的电压，$V_{\min}(\text{SOC})$ 是对应 SOC 的电池组中最低单体电压，$V_{\max}(\text{SOC})$ 是对应 SOC 的电池组中最高单体电压。对于一个完整的充放电过程，取任意的单体电池，曲线都是在 0% ~ 100% 之间变化。通过对比参考曲线即可分析出选定单体电池的电压变化趋势，参考曲线选定电池电压中位数的"电压差归一化曲线"，可用式（3-47）表示：

$$diff\left(\text{SOC}\right)=\frac{V_{\text{mid}}\left(\text{SOC}\right)-V_{\min}\left(\text{SOC}\right)}{V_{\max}\left(\text{SOC}\right)-V_{\min}\left(\text{SOC}\right)}\times100\% \qquad （3\text{-}47）$$

其中 $V_{\text{mid}}(\text{SOC})$ 是对应 SOC 的所有电池单体电压的中位数。选取中位数作为所示的是一次充电过程中某一单体电池"电压差归一化曲线"与参考曲线的对比。

"电压差归一化曲线"作为普通统计方法的扩展和补充，不仅增强了异常电池诊断的精度，同时这种方法简单易行，可以应用于每一个电池单体，使异常电池的定位更加直观。电压差归一化曲线如图 3-36 所示。

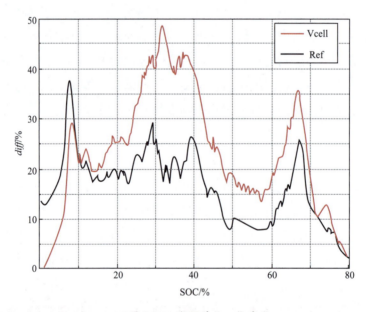

图 3-36　电压差归一化曲线

（2）基于充电特征的数据驱动电池健康监测。使用随机森林和人工神经网络机器学习算法估计电池 SOH。随机森林回归模型建立多棵不相关的决策树，然后对所有树取平均值，得到整个森林的回归预测结果。随机森林模型对多重共线性不敏感，在处理大数据时表现良好。基于充电特征的数据驱动电池健康监测模型技术流程如图 3-37 所示。

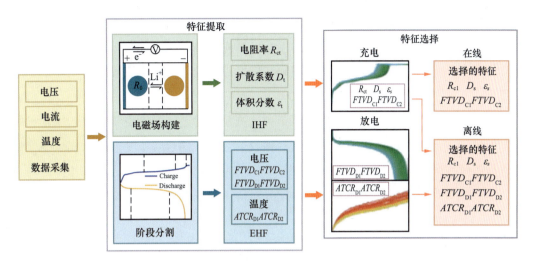

图 3-37 基于充电特征的数据驱动电池健康监测模型技术流程

此外，随机森林模型便于计算变量的非线性效应和反映变量之间的相互作用。人工神经网络是对人脑结构和运作机制的模拟。其通过连接大量简单神经元来构建一个复杂的网络结构，并在这些神经元之间传递信号。通过神经元的激活和权值的设置，在多次传递后改变信号的强度和表达。反向传播神经网络（BPNN）具有良好的自学习、自适应、鲁棒性和泛化能力，适用于电池 SOH 估计。

3. 基于模式动态切换的充电监测保护方法和信息同步互联方法

为保证系统的安全运行，需要对系统的重要设备的运行状态进行监控与检测。而智能充电监测保护系统装置主要分为 5 个模块，具体如图 3-38 所示。

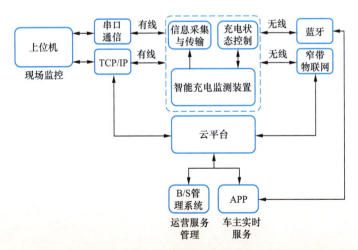

图 3-38 充电监测保护系统通信架构图

（1）接收模块。用于使服务器在接收到充电桩向电动汽车的充电起始信号后，将相应充电桩的标签信息发送至相对应的监控端，监控端确定白光图像中与充电桩所对应的可停车区域并得到第一像素点集合；

（2）识别模块。用于使监控端对可停车区域内的电动汽车的汽车区域识别并得到第二像素点集合，将第一像素点集合和第二像素点集合内的像素点比对得到差别像素点集合；

（3）判断模块：用于使监控端按照第一监测模式对差别像素点集合内的像素点的像素值进行判断，在像素点的像素值达到预设的变换条件后对所变换的像素点的像素值进行图像截取得到待识别图像；

（4）同步模块：用于按照第二监测模式对待识别图像进行目标识别并得到相对应的监测结果同步至服务器和／或用户端，第二监测模式至少包括红外监测模式和／或基于 OPENCV 识别模式；

（5）存储模块：用于使服务器在接收到充电桩向电动汽车的充电截止信号后，清除与第二像素点集合、差别像素点集合，将第一像素点集合与可停车区域对应存储。

（三）新型电力计量智能运维技术

1. 充电桩计量装置抢修运维轨迹优化技术

根据数据采集人员和维修作业人员工作需求，构建偏远地区电网集抄运维系统的客户端和服务端结构，设计了线路采集、普通作业、用电户信息等模块具体功能。针对偏远地区电网结构特征，提出了基于多节点拓扑计算的偏远地区充电桩计量装置运维轨迹优化技术，为偏远地区计量智能运维提供数据信息管理手段，提升工作效率。

路径搜索通用技术可分为组合技术和代数方法。其中，组合技术中的标号算法是绝大多数最短路径算法的核心部分。标号算法可分为标号设定（LabelSetting，LS）和标号改正（LabelCorrecting，LC）两大体系。此类最短路径算法中最基本的操作均为松弛操作，松弛操作示意图如图 3-39 所示。

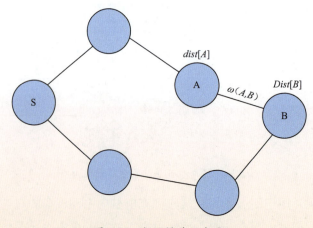

图 3-39　松弛操作示意图

其解释为对于一条从顶点 A 到顶点 B 的边 A→B，如果满足 $dist[A]+\omega(A,B)<dist[B]$ 则更新 $dist[B]$，使 $dist[B]=dist[A]+\omega(A,B)$ 其中，$\omega(A,B)$ 表示边的权重，$dist[A]$ 表示顶点 A 到源点 S 的目前已知的最短距离。

最短路径规划旨在寻找图中两结点之间的最短路径。算法具体形式包括：Dijkstra 算法、SPFA 算法、Bellman-Ford 算法和 Floyd-Warshall 算法。

1）Floyd 算法。适合求多源、无负权边的最短路。用矩阵记录图，但时效性较差。该算法是解决任意两点间的最短路径的一种算法，可以正确处理有向图或负权的最短路径问题，其时间复杂度为 O(N^3)，空间复杂度为 O(N^2)，实现原理是动态规划。

2）Dijkstra 算法。适用于求单源、无负权的最短路。时效性较好，时间复杂度为 O（V*V+E），可以用优先队列进行优化，优化后时间复杂度变为 0（v*lgn）。

3）Bellman-Ford 算法。求单源最短路，可以判断有无负权回路（若有，则不存在最短路），时效性较好，时间复杂度 O（VE），Dijkstra 算法流程如图 3-40 所示。

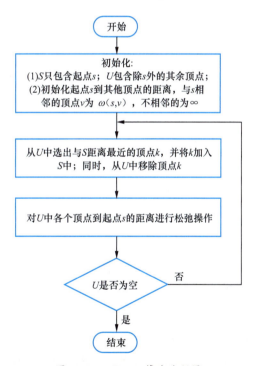

图 3-40 Dijkstra 算法流程图

4）队列优化算法（SPFA：ShortestPathFasterAlgorithm）。在 Bellman-Ford 算法的基础上增加一个队列优化，时效性相对好，通过采用一系列的松弛操作以得到从某一个节点出发到达图中其他所有节点的最短路径。所不同的是，SPFA 算法通过维护一个队列，使得一个节点的当前最短路径被更新之后没有必要立刻去更新其他的节点，从而大大减少了重复的操作次数。

鉴于最短路径查询算法需要利用本地数据在客户端实现，综合考虑几种算法的复杂度、稳定性，拟选用SPFA算法来实现路径规划功能。SPFA算法流程如图3-41所示。

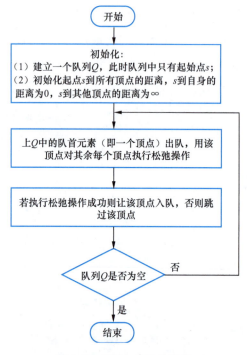

图3-41　SPFA算法流程图

在该算法中，采用数组d记录每个节点的最短路径估计值，用邻接表来存储图G，通过采取动态逼近法，设立一个先进先出的队列来保存待优化的节点，优化时每次取出队首节点U，并且用U点当前的最短路径估计值对离开U点所指向的节点V进行松弛操作，如果V点的最短路径估计值有所调整，且V点不在当前的队列中，就将V点列入队尾，这样不断从队列中取出节点来进行松弛操作，直到队列为空为止。

在每次优化过程中，通过松弛操作将节点放入队尾，即每次的优化都会将某个点v的最佳路径估计值$d(v)$变小，达到获得最优路径的目的。SPFA算法求解最优路径应用在本技术中，求解目标函数为运维人员实时位置（以公司客户服务中心为例）出发到用电客户家中，所走路径最短，目标函数为：$\min S = \sum d_{kj}$，其中d表示第k节点到第j节点所走路径长度。在算法流程图中，把s点设置为运维人员工作地点，a、b、c、d等节点为实际路线中的路口，最后一个节点t为需进行运维寻址的用户位置。SPFA算法程序框图如图3-42所示。

蓝色方框内为初始化过程，其中flag是一个长度为[V]的数组，用来标记节点（在此为每个路口）是否在队列中；倘若flag[v]=flase，表示节点v不在队列中，初始化时将每个节点的flag值都设置为false。d是一个长度为[V]的数组，表示节点的最短路径估算，等到算法执行结束时，此数据存储了每个节点的最短路径值。

绿色方框内是循环结构，只要源数组内有数据，则循环继续，每个循环都从队列中取出一个新节点，并松弛和它相邻的每个节点 v，如果 v 能够被松弛且不在队列中，则将 v 放入队尾；当队列为空时，循环结束。返回上一结果值，得到运维人员从出发点到运维地点的最优路径，进而花费最短寻路耗时。

在初始化时，设置运维人员所在位置为第一个父节点，将需运维表计所在位置为最终子节点，将所经过每个子节点的距离作为权重，初始化时将所有权重设置为无穷大，最终算出的最小权重生成数作为最优路径，进而得到初始位置至运维表计位置的最短距离。

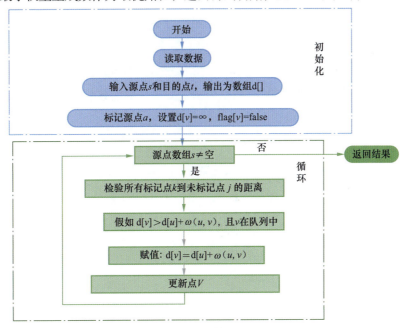

图 3-42　SPFA 算法程序框图

2. 基于机器视觉算法的泛计量装置品级评价方法

针对泛计量装置及箱体综合评估和品级评定依靠人工经验导致不精准、不规范的问题，提出了基于深度卷积神经网络（DCNN）的目标检测（包括物体识别和定位）算法。主要包括充电计量装置外观缺陷检测的深度学习算法、基于深度学习技术的多表箱智能巡视管理体系等。其中：

构建基于深度学习技术的多表箱智能巡视管理体系。实现了从数据采集、智能分析、综合评估到品级评定的技术路线，为实现多表箱设备从新装投运、运行维护、故障抢修、隐患排查、缺陷整改、轮换改造的全生命周期智能管理建立了技术基础。

（1）电能计量装置实时识别技术。基于深度学习的目标检测算法 YOLOv3。YOLO 算法是一个应用于目标检测的网络，一次 CNN 运算就能实现相应的目标。YOLO 将输入图像分成 S×S 个格子，若某个物体 Groundtruth 的中心位置的坐标落入到某个格子，那么这个格子就负责检测出这个物体。每个格子预测 B 个 boundingbox 及其置信度（confidencescore），以及 C 个类别概率。box 信息（x，y，w，h）为物体的中心位置相对格子位置的偏移及宽度和高度，均被归一化。置信度反映是否包含物体以及包含物体情况下位置的准确性。YOLO 检测包围盒示意图如图 3-43 所示。

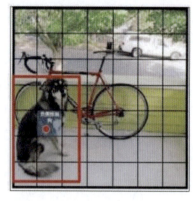

图 3-43　YOLO 检测包围盒示意图

　　YOLOv2 在 YOLOv1 的基础上使用了 BatchNormalization 对网络进行优化，对网络每一层输入实现了归一化，同时从模型中去掉了 Dropout，不会产生过拟合，通过对 YOLO 的每一个卷积层增加 BatchNormalization 使 mAP 提高了 2%，使模型更加的正则化。同时去掉了全连接层，使用了 AnchorBoxes 来预测。YOLOv3 模型结构示意图如图 3-44 所示。

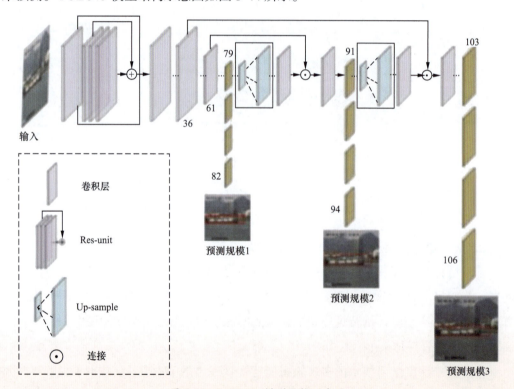

图 3-44　YOLOv3 模型结构示意图

　　YOLOv3 将主干网络 darknet-19 改成了 darknet-53，引入了残差模块，并加深了网络深度，其结构如图 3-44 所示。YOLOv3 使用类 FPN 的结构通过上采样和特征融合方法在多个尺度上进行预测，并根据 kmeans 聚类得到的先验框知识对不同尺寸设置不同大小和不同比例的先验框，使得小尺寸特征图用于检测大尺寸目标，大尺寸特征图用于检测小尺寸目标，大大提升小目标的检测精度。darknet-53 网络结构如图 3-45 所示。

	类型	过滤器	尺寸	输出
	卷积	32	3 × 3	256 × 256
	卷积	64	3 × 3 / 2	128 × 128
1×	卷积	32	1 × 1	
	卷积	64	3 × 3	
	残差			128 × 128
	卷积	128	3 × 3 / 2	64 × 64
2×	卷积	64	1 × 1	
	卷积	128	3 × 3	
	残差			64 × 64
	卷积	256	3 × 3 / 2	32 × 32
8×	卷积	128	1 × 1	
	卷积	256	3 × 3	
	残差			32 × 32
	卷积	512	3 × 3 / 2	16 × 16
8×	卷积	256	1 × 1	
	卷积	512	3 × 3	
	残差			16 × 16
	卷积	1024	3 × 3 / 2	8 × 8
4×	卷积	512	1 × 1	
	卷积	1024	3 × 3	
	残差			8 × 8
	池化连接		Global	
			1000	

图 3-45 darknet-53 网络结构

（2）多层次深度学习部件检测算法。多层次深度学习部件检测算法指的是通过分析首次检测到的部件来预测可能漏检部件的位置，将其送入网络再检测，从而提高检测可靠性。多层次深度学习目标检测算法流程如图 3-46 所示。

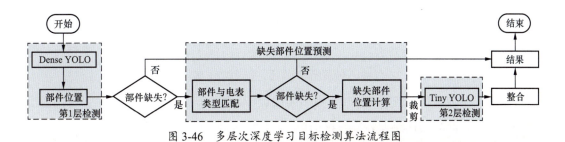

图 3-46 多层次深度学习目标检测算法流程图

图像数据预处理是十分重要的一环，因为输入图像因采集环境不同、采集设备不同等因素的存在，数据中往往存在噪声、对比度不够等缺点。因此使用图像预处理操作消除图像中无关信息的影响，恢复并增强相关有用信息，从而使图像更有利于计算机的处理和识别。

图像增强有多种方法，常用的有直方图处理、滤波法等，并且针对数据集小的特点使用相关数据增广方法，从而扩充数据集图像数量。直方图是图像最基本的统计特征，它反映了图像灰度值的分布情况。

因此，直方图处理是一种很常见的图像增强方法，通过直方图均衡和直方图拉伸等方法对图像进行调整，从而达到对比度增强的效果。常见的滤波法去噪声处理有均值滤波、中值滤波等。图 3-47 所示为使用高斯滤波前后的对比，可以看出在经过高斯滤波之后图像更为平滑，噪声减少。

图 3-47　高斯滤波效果对比

（3）数据增广。深度学习网络的学习过程需要大量数据的训练才可以获得较为理想的结果，但在数据量有限的情况下，为了丰富图像训练集往往需要利用数据增广（DataAugmentation）的方式实现数据集的扩充。

数据增广通过随机对样本信息进行更改，可以降低模型对某些属性的依赖，因此可以一定程度上提高模型的泛化能力。例如，通过对图像进行平移、缩放等操作，可以使物体以不同尺寸出现在图像的不同位置，从而降低网络模型对目标位置的依赖性。图像数据的增广方法主要包括以下方面：

①空间几何变换方法。主要包括水平和垂直翻转、随机剪裁、旋转、缩放、仿射变换等，它们主要对图像中像素位置进行变换，并不直接改变像素值。

②像素颜色变换类方法。主要包括噪声扰动、图像平滑和模糊、对比度变换、色彩抖动、随机擦除等，它们并不使图像产生形变，而是直接对像素值进行处理。在实施过程中，对数据集中的图像以 0.5 概率施加旋转、缩放、平移、仿射变换、对比度增强的操作，以此达到扩充训练集的目的。

（4）评价指标。选择基于 IoU 的平均精确率（Average Precision）和平均召回率（Average Recall）作为网络模型的评价标准，IoU 是一种衡量检测物体定位准确度的标准，它表示了模型预测框与真实标记框的重叠率。IoU 计算方式示意图如图 3-48 所示。

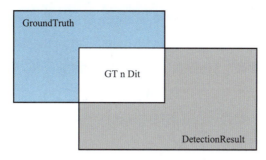

图 3-48　IoU 计算方式示意图

对于模型预测输出 DetectionResult 以及标记数据 GroundTruth，IoU 定义为其重叠部分面积与并集面积的比值。以 IoU 大于 0.5 作为模型预测出目标物体的标准，而精确率和召回率的定义，可用式（3-48）、式（3-49）表示：

$$precision = \frac{TP_{IoU>0.5}}{TP_{IoU>0.5} + FP_{IoU>0.5}} \tag{3-48}$$

$$recall = \frac{TP_{IoU>0.5}}{TP_{IoU>0.5} + FN_{IoU>0.5}} \tag{3-49}$$

其中，TP（TruePositives）表示正样本被正确地识别为正样本，FP（FalseNegatives）表示负样本被错误地识别为正样本，FN（FalseNegatives）表示正样本被错误地识别为负样本。精确率又称为查准率，反映了所有检测结果中正确的比例，召回率又称查全率，反映了所有样本中被正确检测出的样本比例。

（5）K 折交叉验证法。K 折交叉验证（CrossValidation）是一种检测模型性能的统计分析方法，可以用来评估模型在数据集上的泛化能力，以及预估模型在实验中的准确度。

其基本做法是将原始数据集进行分组，一部分作为训练集，另一部分作为验证集。用训练集对模型进行训练，接着用验证集测试模型的性能，以此作为评价模型准确度的指标。验证集和训练集的选择尽量满足独立同分布条件，否则无法有效验证模型泛化能力。选用 K 折交叉验证法对模型进行验证，这种方法通过对 K 个不同分组训练的结果进行综合，因此对数据划分并不十分敏感。其基本步骤如下：①将原始数据随机分为 K 份；②每次挑选 1 份作为测试集，其余作为训练集训练一个模型；③将第 2 步重复 K 次，得到 K 个模型；④对于这 K 个模型，使用相应的测试集进行测试，保存模型的各项测试指标；⑤计算 K 组测试结果平均值作为模型性能的估计。

使用 5 折交叉验证法，将数据分为 5 份，分别训练一个模型并进行验证，然后综合验证结果，这样既弥补了数据集较小的缺点，又从一定程度上防止了模型的过拟合和欠拟合。

（6）模型训练与结果分析。模型训练与结果分析的训练步骤包括五个方面，具体如下：

1）数据预处理和增广。用增加噪声、颜色通道值拉伸、几何变换等方法生成新的图像。

2）图像标注。在图像上对要识别的目标进行标注其位置、大小和目标类别。

3）对数据集进行训练集、测试集划分。

4）设定训练环境。配置训练所需要的软硬件环境。

5）在训练集上进行训练。

其中，将 DenseYOLO 模型分别与 YOLOv3、YOLOv2 以及 Tiny-YOLO 模型进行对比，每次读入 16 张图像，以 0.001 学习率训练 10000 个迭代，观察对各个部件的检测精度以及模型各方面表现。各类模型在各个部件上的检测精度见表 3-20。

表 3-20　各类模型在各个部件上的检测精度

网络模型	单相电能表	三相电能表	采集器	封印	进线端子	开关
DenseYOLO	0.93	0.96	0.92	0.92	0.94	0.93
YOLOv3	0.94	0.98	0.91	0.84	0.89	0.90
YOLOv2	0.86	0.93	0.89	0.71	0.88	0.86
Tiny-YOLO	0.88	0.91	0.82	0.80	0.90	0.85

（7）综合评估和品级评定模型。依据对表箱、电能表及其部件的检测，以及外观的检测结果，对表箱和内部表计的状况进行评估。在此基础上，设计一套科学的评估模型，计算出综合得分，并根据得分情况给出相应的品级评价。缺陷分类表见表 3-21。

表 3-21　缺陷分类表

序号	缺陷位置	I	II	III	IV	其他
1	计量箱外观	外观破损、安全隐患	局部锈蚀、窥视窗破损	窥视窗不清晰	—	
2	计量箱锁具	—	锁具缺失或损坏	—	封印缺失	
3	计量箱安装位置	安装不牢固	高度不规范	位置倾斜	—	
4	计量箱配线及工艺	老化破损	截面不足	接线凌乱	有杂物	
5	电能表、采集终端	故障	—	安装不牢固	电能表封印缺失	
6	金属计量箱接地	未接地、接地接触不良	—	—	—	
总和	分数段	<60	≥ 60<70	≥ 70<80	≥ 80<90	≥ 90

对检测到的缺陷从总分 100 中扣除相应分数。1 类 1 项扣 10 分，2 类 1 项扣 6 分，3 类 1 项扣 4 分，4 类 1 项扣 2 分。对于多表箱内多只电表，按识别和检测结果对外表

箱和内部各电表进行打分。计算综合评估分值可用式（3-50）表示：

$$Sore = B \times 0.4 + \frac{M_1 + M_2 + \cdots + M_k}{k} \tag{3-50}$$

式中，k 为表箱内部电表个数，B 为外表箱评估得分，M 为内部表计的评估得分。最后，按最后得分把设备的缺陷等级划分为四个等级：Ⅰ类：分数＜60；Ⅱ类：评分≥60且＜7；Ⅲ类：评分≥70且＜80；Ⅳ类：得分≥80且＜90；其他：得分≥90。

3. 迭代式无损计量换表工法

迭代式无损计量换表工法指的是利用换表仪把带电轮换过程中，用户使用的电量分别计量在新、旧电能表中，最大限度消除了电动汽车运营站等场景下传统换表过程中部分计量数据流失的现象。整个换表过程中，实际运行的电量准确计量并分布在新表和旧表读数之中，无须跟用户协商补收电量。

（1）主要设计思路。

1）在没有联合接线盒的情况下，配合穿刺分线器，可实现不停电更换互感式三相电能表，同时具备换表过程中对用户电量的连续计量功能。

2）在安装有联合接线盒的情况下，可实现换表过程中对用户电量的连续计量，这对大用户的电能表更换可带来很大的经济效益。

3）两表位和标准表接口都具备 CT 防开路保护和声光报警功能，确保操作人员和设备的安全。

4）具备电压回路短路保护功能，确保操作人员和设备的安全。

5）每个表位配有电源通断开关，可实现不带电上下电能表的功能。

6）可显示每相电源的电压值和电流值，能保证操作过程的可靠性。

7）表座主要采用顶针结构，拆装电能表的操作效率很高。

（2）连续计量的功能。

三相电能表并联运行的定义：将表 A 与表 B 的电压回路分别同相并联；将表 A 与表 B 的电流回路也分别同相、同极性并联。并联回路示意图如图 3-49 所示。

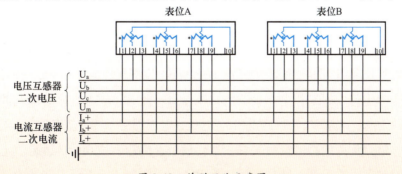

图 3-49　并联回路示意图

由于电力负载功率大于电能表电流回路的消耗功率，它们的比值趋向无穷大，在本书技术应用中将其定义为恒流源的特性。即决定电流大小的是电力负载的阻抗，在一定范围内，电能表电流回路阻抗对负载电流影响微乎其微。

以上研究分析证明，电能表电流回路并联运行，是不会影响电力负荷电流大小的。根据电能表电流回路的典型数据标准，并联后不会产生附加角差影响的。显然，电力负载运行的总电量，是表 A 与表 B 的之和。即：E（总电量）=E（表 A 电量）+E（表 B 电量）。

因此，可得出如下结论：三相电能表并联运行时，两块电能表分别计量出的电能量虽不相等，但它们之和等于总电量；计量准确度和精度与各块电能表产品参数相关，并联运行不影响准确度和精度。

（3）压降影响的分析。本书着重分析电压互感器的容量和二次压降问题。具体如下：

1）电压互感器的容量的问题。目前计量用的电压互感器容量都较大，每相大都在150 伏安以上。这是因为为了保障电压互感器的精度和测量线性范围，都具备相当大的输出容量裕度，适应于早期感应式机械电能表的工作计量。而感应式机械电能表电压回路每相接近 10 伏安。而当前普及的全电子式智能电能表，每相最大功耗小于 5 伏安。这就意味着两块电子式智能电能表并联运行，其每相消耗的总功率不大于 10 伏安。从而完全满足计量用电压互感器的精度及线性范围的要求，并满足了双表并联运行负荷要求。

2）电压回路的二次压降问题。电压互感器二次导线上的工作电流的确增加了一倍，即 i（总）=i（A）+i（B），且 i（A）=i（B），则 u（总线路压降）=2u（A 表线压降）。

根据现场电压互感器二次电缆的长度和导线截面标准要求，原二次压降是满足计量要求的，也有一定的裕度。一般情况下是满足要求的。若有个别二次电缆较长、二次压降指标裕度较小时，可能会略有超出二次压降电压指标。由于并联运行是在更换电能表过程中极短时间内的临时过渡运行，略微超出二次压降指标微不足道可忽略。

依据三相电能表并联运行的可行性结论，在实施三相电能表带负荷更换过程中，从原理上讲，是利用三相电能表并联运行的特点，先将新表通过一个专用的迭代设备，实现与旧表（运行中的三相电能表）的并联运行。此时，电力负荷的总电量是两块三相电能表计量电量的总和。然后切除旧表电压、电流回路，转为新表独立运行。

此时，电力负荷的总电量由安装在迭代设备上的新表独立计量运行。随后，从永久表位拆卸的旧表被重新安装在专用迭代设备上，实现新旧电能表在迭代设备上的第二次并联运行，电力负荷的总电量分别由新旧两表独立计量。此时，切除专用迭代设备上新表的电压与电流回路，旧表在专用迭代设备上独立完成第二次计量。随后被迭代出来的新表即可安装在永久表位上了。安装完毕后，继续第三次与在专用迭代设备上的旧表并联运行，新旧二表继续分别计量电力负荷电量。最后切除旧表电压电流回路，由新表在永久表位独立计量运行，退出专用迭代设备，宣告三相电能表轮换完成。整机的设计如图 3-50 所示。

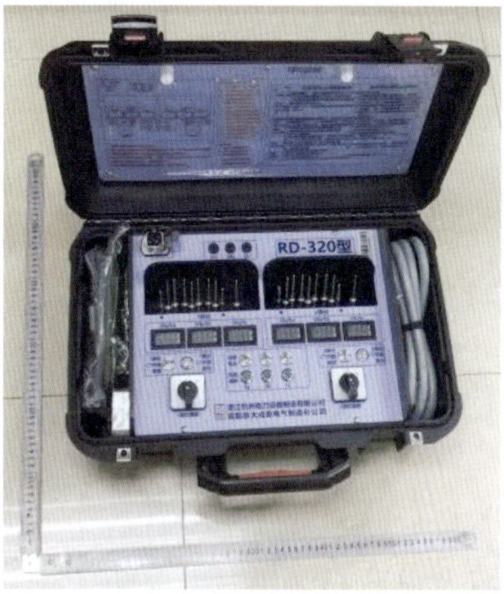

该设备通过连接线与用户电能表的计量回路的电源线连接，经由新旧电能表的迭代操作，即可实现不停电换表并连续计量的功能。

（4）不停电换表操作流程。不停电换表操作流程经过三次操作完成，具体如下：

图 3-50　整机的设计

1）首次不停电换表操作流程：

a. 把穿刺分线器紧贴三相表接线端钮接在（10/7 根）电流回路导线上。

b. 通过穿刺分线器的连接孔连接 TLX-4 插头，使得换表工具箱与电表连接。

c. 换表工具箱表位 1 开关拨到 on，表位 1 电压电流指示灯 U_a/I_a、U_b/I_b、U_c/I_c 正常。

d. 依次拆除旧表的 10/7 根导线，并逐根装上保护套。

把旧表安装到换表工具箱表位 2，并把表位 2 开关拨到 n，确认表位 2 电压电流指示灯 U_a/I_a、U_b/I_b、U_c/I_c 正常；然后把表位 1 开关拨到 off；从换表工具箱表位 1 拆下新表，表箱安装上新表，并逐一连接原来导线；换表工具箱表位 2 开关拨到 off；此时 $I_a/I_b/I_c$ 通断指示灯正常显示；从穿刺分线器上拆除 TLX-4 线；安装电能表的端盖并打上铅封，安装过程结束。

2）再次不停电换表操作流程：

不需要用穿刺分线器连接电流导线，其余操作都与首次不停电换表操作流程一致。

3）首次不停电换表操作流程—联合接线盒：

a. 更换联合接线盒电流进线第二排螺钉，用 4/3 枚专用螺钉更换联合接线盒电压进线第一排螺钉。

b. 对应连接 TLXJ-4 的连接插头（10/7 根连接柱连接至联合接线盒专用螺钉上。

c. 换表工具箱表位 1 开关拨到 on，表位 1 电压电流指示灯 U_a/I_a、U_b/I_b、U_c/I_c 正常 $I_a/I_b/I_c$ 通断指示灯正常显示。

d. 断开联合接线盒的 Link，使电表端断电。并依次拆除旧表的 10/7 根导线。

e. 把旧表安装到换表工具箱表位 2，并把表位 2 开关拨到 on，确认表位 2 电压电流指示灯 U_a/I_a、U_b/I_b、U_c/I_c 正常；然后把表位 1 开关拨到 off。

f. 从换表工具箱表位 1 拆下新表，表箱安装上新表，并逐一连接原来导线：逐一把联合接线盒的 Link 连接完成。

g. 换表工具箱表位 2 开关拨到 off；此时 $I_a/I_b/I_c$ 通断指示灯正常显示。

h. 从联合接线盒上拆除 TLXJ-4 线。

i. 安装电能表的端盖并打上铅封，安装过程结束。

4）再次不停电换表操作流程。除了不用更换 10/7 枚专用螺钉之外，其余操作都与首次不停电换表操作流程一致。

4. 电、磁、力等要素驱动的防窃电技术

目前的窃电方式大致可以分为技术型窃电和高科技窃电。"技术型窃电"主要包括改变电能表电压与电流相序接线，即相序错接线；改变进入电能表的火线与零线，将进电能表的火线与零线对调，负载接于火线与外加零线之间等。"高科技型窃电"主要包括利用永久磁铁，使电能表不走、慢走或反走；利用高压放电，使电能表失准；伪造计量装置封印等方式。针对电动汽车充电计量装置外力破坏以及窃电行为问题提出了基于强磁信号感应技术、高压放电检测技术和三维加速度传感技术的综合智能研判方法，实现了对窃电行为的实时监控。其中：

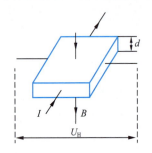

图 3-51　强磁信号感应技术原理图

（1）强磁信号感应技术。强磁信号感应技术主要是基于霍尔效应。由霍尔效应的原理可知，霍尔电势的大小取决于：Rh 为霍尔常数，它与半导体材质有关；I 为霍尔元件的偏置电流；B 为磁场强度；d 为半导体材料的厚度。对于一个给定的霍尔器件，当偏置电流 I 固定时，U_H 将完全取决于被测的磁场强度 B。强磁信号感应技术原理如图 3-51 所示。

霍尔效应一个霍尔元件一般有四个引出端子，其中两根是霍尔元件的偏置电流 I 的输入端，另两根是霍尔电压的输出端。如果两输出端构成外回路，就会产生霍尔电流。一般地说，偏置电流的设定通常由外部的基准电压源给出；若精度要求高，则基准电压源均用恒流源取代。

为了达到高的灵敏度，有的霍尔元件的传感面上装有高导磁系数的坡莫合金；这类传感器的霍尔电势较大，但在 0.05T 左右出现饱和，仅适用在低量限、小量程下使用。在半导体薄片两端通以控制电流 I，并在薄片的垂直方向施加磁感应强度为 B 的匀强磁场，则在垂直于电流和磁场的方向上，将产生电势差为 U_H 的霍尔电压。霍尔效应

测磁场电路设计。测量磁场时需要霍尔元件在一定的工作电压下，当所测磁场强度超出某一设定值时，该器件输出低电平，当所测磁场强度小于该设定值时，该器件输出高电平。霍尔效应检测磁场电路原理图如图 3-52 所示。

强磁检测模块为基于霍尔元件的强磁检测模块，采用的霍尔元件 U1 为 PT3661，U1 有引脚 1、引脚 2 和 GND 三个引脚；引脚 1 接电源，引脚通过电阻 C8 接地；引脚 2 通过电阻 R16 连接电源，引脚 2 通过电容 C9 接地，引脚 2 即为霍尔检测输出端。

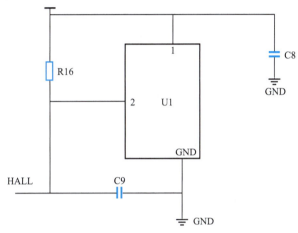

图 3-52　霍尔效应检测磁场电路原理图

当窃电人员用强磁场攻击进行窃电时，由于检测电路中有霍尔元器件，因此会输出一个霍尔电压 U_H，该电压的大小取决于磁场强度，当磁场强度＞35Gauss 时，霍尔元件输出低电平，攻击检测电路报警；当磁场强度＜35Gauss 时，霍尔元件输出高电平，攻击检测装置不进行报警该磁场强度阈值可根据实际情况灵活调节。

（2）高压放电检测技术。高压放电检测技术主要涉及一种自主设计的高压高频干扰检测电路。该电路可以接收放电干扰信号，并将干扰信号选频，放大，末级整流以及保持，然后进行输出。高压高频干扰检测电路原理如图 3-53 所示。

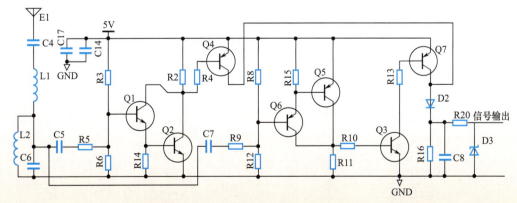

图 3-53　高压高频干扰检测电路原理图

1）接收选频电路。高压高频干扰信号经板载接收天线 E1 接收，进入由 L1，L2，C4，C6 组成的选频网络。由于高压放电是以脉冲形式出现，其信号包含丰富的谐波成分，信号的带宽很宽。为提高检测电路的抗干扰能力避免无线及移动设备的干扰加入了两级滤波电路，分别是 C4，L1 组成的串联带通滤波和 L2，C6 组成的并联带通滤波。

2）高放电路。高放电路未采用选频网络，为降低检测电路的功耗高放部分工作在乙类状态。R6，R3 为电路正向静态偏置电路确保 Q1，Q2 组成的高放电路的静态处于临界截止状态；同样 R8，R12 是电路反向静态偏置电阻，以确保 Q5，Q6 静态处于临界截止状态。为提高高放级的灵敏度，电路采用了达林顿管的复合模式。电阻 R14，R15 为泄漏电阻，其作用是旁路 Q1，Q6 因热噪声而产生的漏电流，稳定 Q2，Q5 的工作点。电阻 R2，R11 为高放电路集电极输出的负载电阻。电容 C5，C7 是高放输入的隔直耦合电容，R5，R9 为输入限流电阻，确保高放电路的安全。

3）末级整流电路。末级输出电路由 Q4 和 Q7 组成，以提高输出能力。Q3 为反相电路，确保输出相位的一致性。R4，R10 为末级输入限流电阻，确保末级的可靠性。Q4 和 Q7 信号合并后经 D2 后输出，D2 作用是防止末级的漏电流对输出造成影响。

4）信号保持输出电路。信号保持电路主要由 C8 和 R16 组成。由于高压放电信号脉宽很窄，为确保后续电路能可靠地捕捉到该信号，故增加了 C8 来保持信号的输出。高压放电攻击结束后 C8 则通过 R16 来释放电荷，输出复位。由于整个放电检测电路采用的是 5 伏安的供电电源，而后级则是 3.3 伏安系统，为与后级电路匹配增加了由 R20，D3 组成的钳位电路。技术指标见表 3-22。

表 3-22　技术指标表

参数	规格
额定电压	220V
工作电压范围	$0.8U_n \sim 1.2U_n$
最大工作电流	10mA
额定频率	50Hz
电压回路功耗	有功功耗 <2W，视在功耗 <10VA
工作相对湿度	不大于 95%
操作温度范围	-25 ～ +70℃
极限工作温度	-35 ～ +80℃
存储温度范围	-40 ～ +85℃
防护等级	户内 IP51
性能试验标准	符合 IEC 62052-11

当窃电人员利用高压放电装置如（35千伏尖端放电）靠近电能计量箱进行窃电时，高压高频干扰检测电路会接收干扰信号，然后对干扰信号进行选频，放大、末级整流和保持，并输出该信号。攻击检测装置进行报警和记录。

（3）三维加速度传感技术。压阻式加速度传感器的工作原理是：在测量物体加速度时是基于牛顿第二定律，即物体运动的加速度与作用在它上面的力成正比，与物体的质量成反比，即 $a=F/m$。当物体以加速度运动时，质量块受到一个与加速度方向相反的惯性力作用，使悬臂梁变形，该变形引起压阻效应，悬臂梁上半导体电阻阻值发生变化致使桥路不平衡，从而输出电压有变化，即可得出加速度 a 值的大小。位移是加速度的二重积分。

因此，可以利用三维加速度传感技术测量物体位移加速度，并通过加速度的积分计算出物体的位移。振动及物理位移检测模块为基于三维加速度传感器的模块电路，采用型号为MMA84910Q的三维加速度传感器U2。三维加速度传感器共有12个引脚：引脚1通过电容C10接地；引脚2连接电源；引脚3通过电阻R19连接引脚2；引脚4通过电阻R17连接引脚2；引脚5通过电阻R18连接引脚2；引脚6和引脚7为接地端；引脚10引脚9，引脚8分别输出X轴、Y轴和Z轴的检测数值；引脚11和引脚12悬空。

当窃电人员使用物理手段攻击电能计量箱，使电能计量箱发生振动或物理位移时，攻击检测装置中的三维加速度传感器及时检测到信号，并通过检测控制模块传送至主控模块。通过与预设值进行比较，当振动幅度或物理位移超出阈值时，检测装置会进行报警。该阈值可以根据实际情况灵活调节。

（4）反窃电攻击检测装置。反窃电攻击检测装置将磁场信号感应技术、高压放电检测技术与三维加速度传感技术于一体，主要包括：电源、主控、通信、检测四大部分，并实现对电能计量箱遭受攻击破坏行为的检测、记录和报警。电能计量箱反窃电的检测装置原理图框图如图3-54所示。

该检测装置由主控部分和从机部分组成，其中主控部分包括了电源，通信，指示，门锁驱动检测电路；从机内则包含了振动，强磁，电火花攻击检测。

1）主控电路。主控部分采用ST高性能，低功耗MCU芯片。与外围远红外电路配合完成表箱管理的授权和控制。通过红外接口还可以完成巡检工作的管理。

2）攻击检测电路。①强磁检测电路由PT3661霍尔器件来完成。当表箱周围有强磁干扰当霍尔器感应到>35Gauss的磁场就会输出低电平，该信号被从机MCU接收，并将该信号通过UART口传送给主控电路；②35千伏检测电路，该电路接收放电干扰信号通过选频，放大，末级整流，信号保持电路，将攻击事件发送至从机MCU；③振动及物理位移的检测电路，该部分电路采用了MMA8491Q三维加速度传感器进行检测，当计量装置发生振动（敲击破坏）或发生物理位移（被盗窃），被 MMA8491Q 检测到后通过 IIC 总线传送至从机 MCU。

3）通信电路。该检测装置有两路通信口，分别是：①红外，通过该通信口可完成系统设置，管理授权，信息抄读及巡检管理；②从机连接口，通过该端口实现从机与主机的信息同步。

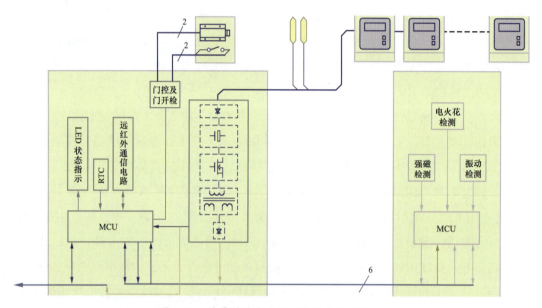

图 3-54　计量箱反窃电检测装置电路原理图

三、基于新型电力计量全链路的电动汽车自适配协同控制技术

（一）技术原理

针对车网协同控制与主动支撑技术，从"公变－台区－电网"三个层级开展研究，攻克了不同通信条件下车网自适配技术、台区内多桩互动柔性功率分配技术、"台区级"时空负荷调度技术、"电网级"优化配置技术等方面的难题，技术路线如图 3-55 所示。

图 3-55　基于新型电力计量全链路的电动汽车自适配协同控制技术路线图

（二）异构通信条件下全计量链路车网自适配技术

1. 基于智能物联电表的上下贯通双向交互通信机制

智能电表是智能能源网络的基础组件，提供关键功能。这些电表执行四个主要功

能，包括精确计量、数据记录和报警、双向通信和电器控制。一个智能电表是作为一个开放的结构建立的，有利于新模块的整合。通过将电动车协调充电模块纳入智能电表，可以实现对电动车充电功率的精确控制。

该技术率先突破规模化互动环境下"表－桩－车"双向通信工程实现方法，设计支撑电动汽车自适应协同控制全链路贯通双向交互通信机制。

针对自下而上（电动汽车→充电桩→电表→集中器→主站）和自上而下（主站→集中器→电表→充电桩→电动汽车）两种通信模式。模块之间信息数据交互由事件触发，事件分为 6 种，事件触发的具体数据信息。触发事件类型和数据信息内容分别如表 3-23、表 3-24 所示。

表 3-23 触发事件类型

编号	事件类型	事件定义	触发数据信息
①	事件 1 插枪事件	OBC 插枪之后，B 型模组通过 CC/CP 线读取电动汽车数据，并依据通信状态选择上传或本地存储数据	（1）～（7）
②	事件 2 停止充电事件	电动汽车停止充电时，B 型模组处理数据（8），并依据通信状态选择上传或本地存储数据	（8）
③	事件 3 负载率预警事件	台区当前负载率到达负载率预警值时，主站启动有序充电在线策略计算，并下发数据（9）	（9）
④	事件 4 居民预测负荷严重偏离实际负荷事件	台区居民负荷预测值与实际值相差 200 千瓦以上时，主站启动有序充电在线策略计算，并下发数据（9）	（9）
⑤	事件 5 集中器下行通信恢复事件	集中器与电表的通信断开再恢复时，主站下发数据（10），将电表内储存的数据（1）～（9）上传到主站	（10）
⑥	事件 6 集中器上行通信恢复事件	集中器与主站的通信断开再恢复时，主站下发数据（10），将集中器内储存的数据（1）～（9）上传到主站	（10）

表 3-24 数据信息内容

编号	数据信息	OBC—充电桩	充电桩—B 型模组	B 型模组—管理模组	B 型模组—A 型模组	A 型模组—集中器	集中器—主站
—	—		全在线通信				
—	—		半在线通信				
—	—		全离线通信				
（1）	是否参与有序充电	●	●	●	●	●	●

续表

编号	数据信息	OBC—充电桩	充电桩—B型模组	B型模组—管理模组	B型模组—A型模组	A型模组—集中器	集中器—主站
（2）	提车时间	●	●	●	●	●	●
（3）	最大充电功率	●	●	●	●	●	●
（4）	电池容量	●	●	●	●	●	●
（5）	当前 SOC 值	●	●	●	●	●	●
（6）	目标 SOC 值	●	●	●	●	●	●
（7）	OBC 连接时间	●	●	●	●	●	●
（8）	车架号	●	●	●	●	●	●
（9）	已充电量	●	●	●	●	●	●
（10）	停止充电信息	●	●	●	●	●	●
（11）	充电功率曲线			▲	▲	▲	▲
（12）	数据补录指令			▲	▲	▲	▲

注 ● 代表：下级向上级信息传输；▲ 代表：上级向下级信息传输。

　　基于事件触发方式，将面向车桩网互动的有序充电体系划分为自下而上和自上而下两种通信流程。自下而上通信流程图、自上而下通信流程图分别如图 3-56、图 3-57 所示。

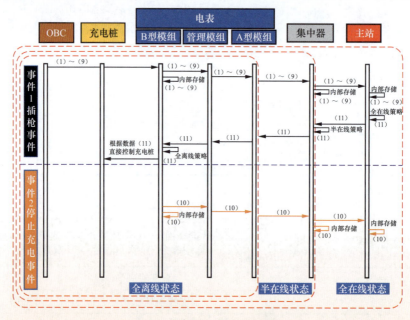

图 3-56　自下而上通信流程图

　　（1）自下而上通信方式。全在线状态时，由事件 1 插枪事件触发，OBC 上传数据（1）～（9）到主站，并存储在主站。由事件 2 停止充电事件触发，B 型模组上传数据

（10）到主站，并存储在主站。

半在线状态时，由事件1插枪事件触发，OBC 上传数据（1）～（9）到集中器，并存储在集中器。由事件2停止充电事件触发，B 型模组上传数据（10）到集中器，并存储在集中器。

全离线状态时，由事件1插枪事件触发，OBC 上传数据（1）～（9）到 B 型模组，并储存在 B 型模组。由事件2停止充电事件触发，B 型模组收集处理数据（10），并储存在 B 型模组。

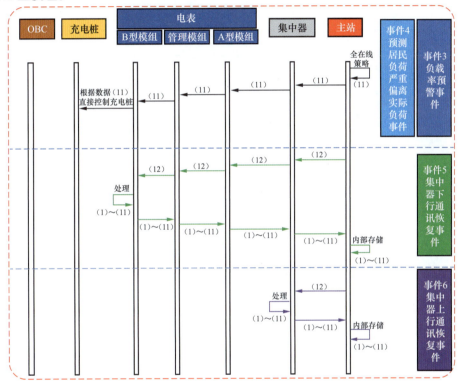

图 3-57　自上而下通信流程图

（2）自上而下通信方式。全在线状态时，由事件1插枪事件或事件3负载率预警事件或事件4居民预测负荷严重偏离实际负荷事件触发，主站开始有序充电在线策略计算，生成并下发数据（11）到 B 型模组。B 型模组依据数据（11）控制充电桩。由事件5集中器下行通信恢复事件触发，主站下发数据（12）到 B 型模组，B 型模组处理并上传数据（1）～（11）到主站。由事件6集中器上行通信恢复事件触发，主站下发数据（12）到集中器，集中器处理并上传数据（1）～（11）到主站。

半在线状态时，集中器与主站通信断开，由事件1插枪事件触发，集中器开始有序充电半在线策略计算，生成并下发数据（11）到 B 型模组。B 型模组依据数据（11）控制充电桩。

全离线状态时，电表与集中器、主站的通信断开，由事件1插枪事件触发，B 型模组开始有序充电离线策略计算，生成数据（11），依据数据（11）控制充电桩。

（3）数据格式。模块通信数据类型如表 3-25 所示。

表 3-25　模块通信数据类型

类型	描述	数据类型	大小（字节）	单位	范围
参数类	目标 SOC 值	byte	1		(0～100)/100
	当前 SOC 值	byte	1		(0～100)/100
	最大充电功率	byte	1	kW	(0～250)/10
	电池容量	byte	1	kWh	(0～250)/1
	用车时间	data_time_s	7		
	已充电量	byte	1	kWh	(0～250)/1
	车架号		18		
事件类	是否参与有序充电	byte	1		
	OBC 连接时间	data_time_s	7		
	停止充电信息		9		
	数据补录指令	byte	1		
控制类	充电功率曲线		96		

1）停止充电信息：包括三个数据：①电动汽车停止充电时间，数据类型 data_time_s；②电动汽车停止充电的原因，数据类型 byte。

2）充电功率曲线：以 24h 为有序充电最长调节时间，以 15 分钟为一点，由 96 个充电功率值形成的曲线。充电功率值的数据类型为 byte，范围：（0～250）/10（千瓦）。时间日期格式如表 3-26 所示。

表 3-26　时间日期格式

数据类型	长度	byte	含义
data_time_s	7	0～1	year
		2	month
		3	day
		4	hour
		5	minute
		6	second

2. 自适应通信条件的控制策略——全在线

台区全在线策略逻辑框架和滚动优化策略流程图分别如图 3-58、图 3-59 所示。本书将基于如下流程开展有序充电策略。

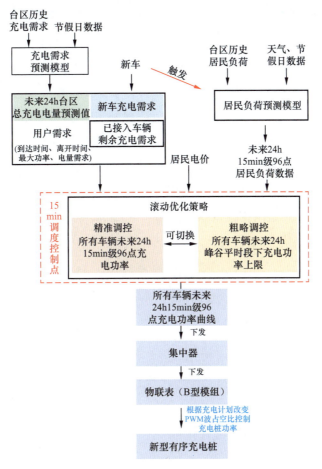

图 3-58 全在线策略逻辑框流程图

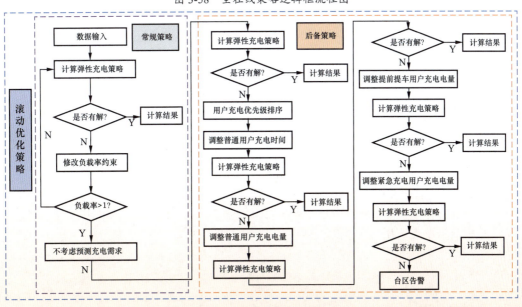

图 3-59 滚动优化策略流程图

（1）优化模型构建。用户充电具有一定随机性和不确定性，使日前充电需求预测具有一定的误差，台区车辆不可能完全按照充电需求预测进行充电。为提高有序充电策略的时效性和准确性，台区需要采用日内滚动优化的方法，实现负荷功率的精确优化。

当台区发生以下事件时： 事件 1 插枪事件、事件 2 负载率预警事件或事件 3 预测负荷严重偏离实际负荷事件触发台区居民负荷预测和充电需求预测，进行台区日内滚动优化。滚动优化以当前时刻到未来 24 小时作为调控时间，把用户总体充电费用最低、调控时段最大负荷最小作为目标函数，并加以多种约束，计算确定每台充电桩在这段时间内的充电功率曲线。例如：以当前时刻为 1 时刻，调控时间 24 小时，车辆每时段充电功率为 P_t，那么本策略调控目标为 $P=[P_1, \cdots, P_{96}]$。

目标函数可用如式（3-51）表示：

$$\min_{P_{n,j}, P_{\text{prej}}} \left(\sum_{j=1}^{J} \sum_{n=1}^{N} P_{n,j} p_j \Delta t + M \times Z \right) \tag{3-51}$$

调控时段最大负荷可用如式（3-52）表示：

$$Z = \max \left(\frac{\sum_{n=1}^{N} P_{n,j} + P_{\text{prej}} + S_j - \eta_2 \times S_{\text{T}}}{S_{\text{T}}}, 0 \right) \tag{3-52}$$

将调控时段最大负荷表达式线性化可用式（3-53）、式（3-54）表示：

$$Z \geqslant \left(\frac{\sum_{n=1}^{N} P_{n,j} + P_{\text{prej}} + S_j - \eta_2 \times S_{\text{T}}}{S_{\text{T}}} \right) (j = 1, 2, \cdots, J) \tag{3-53}$$

$$Z \geqslant 0 \tag{3-54}$$

负载率约束可用式（3-55）表示：

$$\sum_{n=1}^{N} P_{n,j} + P_{\text{prej}} + S_j \leqslant \eta_1 S_{\text{T}} \, j = 1, 2, \cdots, J \tag{3-55}$$

最大充电功率约束可用式（3-56）表示：

$$P_{\max n} \leqslant P_{n,j} \leqslant P_{\max n} \, n = 1, 2, \cdots, N, j = 1, 2, \cdots, J_{\text{n}} \tag{3-56}$$

充电需求约束可用式（3-57）表示：

$$Y_{n,\text{D}} B_n = Y_{n,\text{A}} B_n + \sum_{j=1}^{J_n} P_{n,j} \Delta t \, n = 1, 2, \cdots, N \tag{3-57}$$

预测充电需求电量约束可用式（3-58）表示：

$$E_{\text{predict}} = \sum_{j=1}^{J} P_{\text{pre}j} \Delta t \qquad (3\text{-}58)$$

充电连续性约束可用式（3-59）、式（3-60）表示：

$$-M_{n,j} \leqslant u_{n,j} - u_{n,j-1} \leqslant M_{n,j} \qquad (3\text{-}59)$$

$$\sum_{j=1}^{96} M_{n,j} \leqslant 2 \qquad (3\text{-}60)$$

充放电时段约束可用式（3-61）表示：

$$u_{n,j} = 0 \quad n = 1, 2, \cdots, N, j \notin J_n \qquad (3\text{-}61)$$

（2）日内滚动优化。当电动汽车大规模接入电网时，由于台区容量有限，将不能满足所有充电用户的充电需求，此时将按照以下步骤进行调整。

1）修改负载率约束。当电动汽车大规模接入，台区容量不能满足用户充电需求时，首先修改策略负载率约束。在原来负载率预警值的基础上，每次递增 0.05，再次进行策略求解，直到满足所有用户需求为止。负载率约束可用式（3-62）表示，η_1 从 0.8 转变成 1。

$$\sum_{n=1}^{N} P_{n,j} + S_j \leqslant \eta_1 S_{\text{T}} \ (j = 1, 2, \cdots, J) \qquad (3\text{-}62)$$

2）不考虑预测充电需求。若台区负载率到达 100%，有序策略依旧无解时，放弃预测充电需求，再进行求解。

3）用户充电优先级。若放弃预测充电需求时，有序策略依旧无解，则根据用户充电优先级分配台区充电容量。为了实现对用户充电行为更好地引导，适应其充电负荷的随机性，结合用户需求，将用户分为三个优先级，即紧急充电用户、提前提车用户和普通用户。

紧急充电用户（第一优先级）。有紧急情况发生的用户，该用户会在短时间内再次用车。为了提高用户的满意度，针对有紧急情况发生、在短时间内会再次用车等用户提供特殊服务。当有上述情况发生时，用户可通过网上国网 APP 请求紧急充电，使用户提升为第一级排队序列，此级队列中，按照到达的先后顺序进行排序，到达时间越早，优先级越高。

提前提车用户（第二优先级）。该用户在某些情况下，要提前使用电动汽车，可在网上国网 APP 上修改提车时间。此时应考虑用户是否完成充电任务的情况。

普通用户（第三优先级）。服从滚动优化策略所安排的充电时间，即可满足自己的充电需求。

依据台区容量，依次调整普通用户、提前提车用户、紧急充电用户的充电需求。

调整规则如下：

a. 普通用户。

a）调整充电时间。根据刚投入运行阶段，对已有数据的存量充电桩用户，依据数据分析报告中有序充电可调节时长比的定义可用式（3-63）表示：

$$\eta = \frac{T_{停留} - T_{充电}}{T_{停留}} \times 100\% \tag{3-63}$$

调整用户充电停留时间。若该用户有序充电可调节时长比 η 大于 70%，延长该类用户停留时长 60 分钟；若该用户有序充电可调节时长比 η 大于 30% 且小于等于 70%，延长该类用户停留时长 30 分钟；若该用户有序充电可调节时长比 η 小于等于 30%，延长该类用户停留时长 15 分钟。对没有历史数据的充电桩用户，不进行调整。

运行 3 个月后，依据三个月内用户实际提车时间和设置提车时间的平均差值修改用户充电停留时间。若平均差值大于 2 小时，延长该类用户停留时长 1.5 小时，若平均差值小于 2 小时大于 1 小时，延长该类用户停留时长 1 小时，若平均差值小于 1 小时大于 0.5 小时，增加停留时间 0.25 小时，若平均差值小于 0.5 小时，则不修改。普通用户充电时间调整完毕后，进行策略求解。若有解，则调整结束，否则进入下一步。

b）调整充电电量。首先根据车辆当前 SOC 值对用户进行分类，若车辆当前 SOC 值大于 0.5，则将其归为 Ⅰ 类，否则归类为 Ⅱ 类。刚投入运行阶段，对已有数据的存量充电桩用户，依据数据分析报告中用户充电频率的大小依次调整用户充电需求。

c）调整 Ⅰ 类用户充电需求。首先同时调整每天两充、每天一充、两天一充充电用户的充电需求，然后同时调整三天一充、四天一充、每周一充、每月一充电用户的充电需求。调整方法为：将其目标 SOC 值每次递减 0.05，再进行策略求解。若有解，则调整结束，否则继续调整，直到其目标 SOC 值降低至当前 SOC 值，策略依旧无解时，进入下一步。对没有历史数据的充电桩用户，不进行调整。

d）调整 Ⅱ 类用户充电需求。Ⅱ 类用户充电需求调整方法与 Ⅰ 类用户一致，不同的是 Ⅱ 类用户其目标 SOC 值降低至 0.5 时，停止调整，以保证用户基本出行需要。投入运行 3 个月后，对有序充电用户进行更多维度的用户充电行为画像分析。根据上述步骤调整所有普通用户充电需求。

b. 提前提车用户。普通用户充电电量调整完毕后，依旧无解，则调整提前提车用户充电需求。考虑到提前提车用户的实际提车时间需求，对该类用户不调整充电时间，只调整充电电量。调整方法参考普通用户调整方法。

c. 紧急充电用户。提前提车用户充电电量调整完毕后，依旧无解，则调整紧急充电用户充电需求。紧急充电用户也只调整充电电量。调整方法参考普通用户调整方法。

（3）台区容量评估。当新车接入时，主站会开启台区容量状态评估，以分析未来24 小时内居民区的负载。变压器的总负荷包括两个主要部分：居民负荷和电动车充电负荷。居民负荷代表用户在没有任何需求响应或甩负荷措施的情况下的用电量。电动汽车充电负荷指的是已接入电动汽车的控制充电功率。因此，住宅区内未来 24 小时的总负荷可用式（3-64）表示：

$$T_t^{\text{load}} = T_t^{\text{res}} + T_t^{\text{EV}} \tag{3-64}$$

1）居民负荷 T^{res}。居民负荷和充电负荷相似，与历史负荷数据、温度、天气和日类型数据息息相关。因此居民负荷预测模型可采用充电负荷预测模型相同的结构。居民负荷预测模型由三部分组成如图 3-60 所示。在第一部分，利用卷积神经网络（CNN）模块，将历史住宅负荷数据作为输入。该模块旨在从历史数据中提取初始特征。第二部分为 Dense 层，将三个影响因素的数据作为输入。该层处理这些因素之间的关系以及它们对居民负荷的影响。

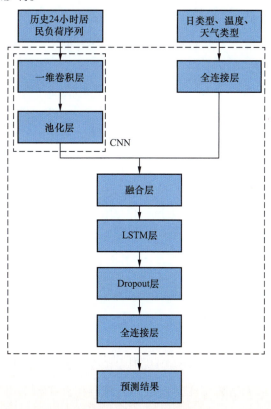

图 3-60　居民负荷预测模型

最后，模型的核心部分包括一个长短期记忆（LSTM）层，然后是 Dropout 和 Dense 层。这一部分的输入是由前两部分产生的串联特征向量。然后通过输入数据，可预测到居民负荷。

2）充电负荷 T^{EV}。已接入的电动汽车充电计划存储在主站系统库里面，当开启台区容量评估时，可将这些充电计划提取出来，可用式（3-65）计算充电负荷分布：

$$T_t^{EV} = \sum_{i=1}^{N} P_{i,t}^{EV} \qquad (3-65)$$

由此，可以得到站区未来 24 小时的总负荷分布 T^{load}。基于下列计算公式，可将变压器划分为三种运行状态：正常状态、告警状态和紧急状态。通过将变压器划分为这些运行状态，可以对负荷状况进行有效的监控和管理，可用式（3-66）表示：

$$\eta = \max\left(\frac{T_t^{load}}{T^{st}}\right) \qquad (3-66)$$

正常状态： 如果 η 小于 0.6，变压器就处于正常状态。正常状态表明，变压器有足够的容量来处理预期的负载，确保充电过程的顺利和不间断。只调整电动汽车的充电周期，不调节电动汽车的充电功率。

警告状态： 如果 η 是在 0.6 和 0.8 之间，变压器处于警告状态。警告状态表明，变压器的负载正在接近其最大容量，促使需要采取积极的措施来防止过载情况。电动汽车的充电功率和周期会被调整。

紧急状态： 如果 η 大于 0.8，变压器就处于紧急状态。紧急状态标志着变压器负载超过其容量的危急情况，有必要立即采取行动以减少风险并保持充电方案的稳定性。电动汽车的充电功率和周期被调整。

（4）全在线策略算例分析。根据该地区历史充电数据，生成了 60 辆电动汽车充电需求数据，并假设其全部在同一公变下进行充电。负载率预警值：0.8，调控时段最大负荷越线值：0.6，公变容量：70 千伏安，分时电价采用浙江省居民生活用电数据。浙江省居民峰谷电价如表 3-27 所示。

表 3-27　浙江省居民峰谷电价

时段	电价（元 / 千瓦时）
高峰时段（8:00—22:00）	0.568
低谷时段（22:00—次日 8:00）	0.288

不同充电策略对比如图 3-61 所示。从图中可知，住宅区的电动车无序充电会导致新的峰值负荷，甚至可能造成变压器过载。然而，在有序充电策略的指导下，电动车充电负荷被更有效地分配，从而使变压器剩余电力的利用得到显著改善。这种方法通过将充电负荷从高峰期重新分配到非高峰期，有效地缓解了住宅区的高峰负荷情况，使 PVD 率降低了 55.84%。此外，它还考虑了用户的利益，使总的充电费用减少了 11.82%。这表明其有利的经济效益。

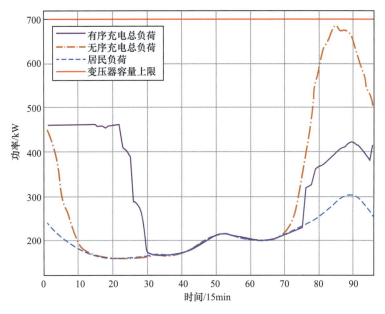

图 3-61　不同充电策略对比

　　变压器三种工作状态下 40 辆电动汽车的协调充电计划。在正常状态下，电动汽车以恒定的功率进行充电。在告警和紧急状态下，电动汽车的充电功率被不同程度地降低，以防止变压器过载。仿真结果数据分析见表 3-28。

表 3-28　仿真结果数据分析

数据类型	无序充电	有序充电
峰值（kW）	686.13	460.80
峰值削减率（%）	×	-32.13
峰谷差（kW）	156.12	164.85
峰谷差削减率（%）	×	-55.84
总费用（元）	891.66	786.26

　　三种状态下电动汽车充电计划如图 3-62 所示。

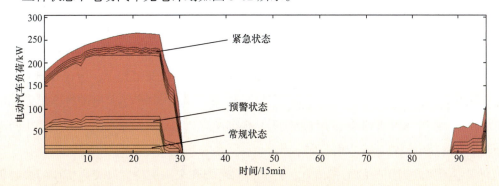

图 3-62　三种状态下电动汽车充电计划

3. 自适应通信条件的控制策略—半在线

当主站与台区通信正常时，集中器负责转发主站侧制定的策略。当主站与台区通信失效时，集中器启动半在线调控策略。

半在线策略部署于集中器终端，采用混合整数规划（MIP）方法进行求解。经过有序策略的调节后，电动汽车充电负荷合理分布，在保证变压器不过载运行的前提下，最大限度地提高了变压器冗余功率的利用率。同时其能够有效缓解台区高峰负荷情况，削峰填谷，将原本聚集在居民负荷高峰时段的充电负荷调控到低谷时段，极大地降低了负荷峰谷差率、平抑负荷曲线波动；并且进入电价谷段时负荷总量缓步增加，没有产生新的负荷冲击，有利于电网安全平稳运行。半在线策略执行流程图如图 3-63 所示。

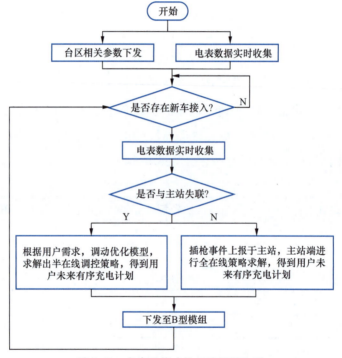

图 3-63　半在线策略执行流程图如图

（1）优化模型。电动汽车居民用户首先向智能电能表发出充电请求，并上传充电需求信息和车辆信息，其上传信息包括电池容量，当前电池 SOC 值，预期电池 SOC 值，用户离开时间以及电动汽车最大充电功率。其中参数变量如下：电池容量 C；当前电池 SOC 值 SOC_1；预期电池 SOC 值 SOC_2；用户离开时间 t_{end}；电动汽车最大充电功率 p_{max}；集中器接收到插枪事件触发后，根据用户充电信息请求信息，开启集中器电动汽车有序充电策略调控求解机制。

集中器接收到用户的上报信息，根据当前时刻到未来居住区一天内负荷的未来预测功率曲线和目前正在执行有序充电的电动汽车调控策略，即已由集中器制定的电动汽车充电策略功率曲线进行累加，得到未来时段台区负荷，可用式（3-67）表示：

$$S_j = \sum_{m=1}^{M} p_{m,j} + S_{pre,j} \ \left(j = 1,2,\cdots,J \right) \tag{3-67}$$

式中，S_{pre} 为居民负荷未来预测功率；$\sum\limits_{m=1}^{M} p_{m,j}$ 为已制定的电动汽车充电策略功率曲线；J 为所划分的总充电调度段数。

根据半在线策略优化模型，考虑在台区负荷率较高的情况下降低调控时段最大负荷，其优化模型以分时电价为调控基础，添加最大负荷惩罚项作为目标函数。

集中器以用户需求信息和未来时段台区负荷裕度，依据优化模型，在满足各项约束如：未来负荷不超过台区配变安全界限的前提下，以用户的全部充电费用和最大负荷惩罚项之和最小为目标函数，制定电动汽车未来 24 小时 96 点 15 分钟级充电策略，即 J 取 96；居民区配变约束如下：

$$P_j + S_j \leqslant \eta_1 S_T \ \left(j = 1,2,\cdots,J \right) \tag{3-68}$$

式中，P_j 为 j 时刻电动汽车充电计划功率；S_j 为 j 时刻居民负荷预测功率；η_1 为台区配变安全约束百分比；S_T 为台区配变容量。

在电动汽车执行有序充电调控策略的过程中，为避免充电行为的间断性，即充电模式和不充模式的频繁切换，避免此行为发生对电动汽车电池寿命造成的损伤，在优化模型中添加有序充电控制的连续性约束。为保证充电计划的连续性约束可用式（3-69）、式（3-70）表示：

$$-M_j \leqslant u_{j+1} - u_j \leqslant M_j \tag{3-69}$$

$$\sum_{j=1}^{96} M_j \leqslant 2 \tag{3-70}$$

式中，u_j 为 j 时刻电动汽车是否充电的 0-1 变量，当 u_j 取值为 1 时，代表该时刻电动汽车执行充电任务。当 u_j 取值为 0 时，代表该时刻电动汽车不执行充电任务；M_j 为 j 时刻电动汽车充电计划是否改变，当 $j+1$ 时刻的 u_{j+1} 与 j 时刻 u_j 变量不同时，即电动汽车的充电行为发生变化，M_j 取值为 1。当 $j+1$ 时刻的 u_{j+1} 与 j 时刻 u_j 变量相同时，即电动汽车的充电行为不发生变化，M_j 取值为 0。

用户通过智能电能表上传其充电需求信息和车辆信息，通过优化模型进行相应电动汽车有序充电策略求解时，要在满足用户的基本充电需求并以电动汽车实际的充电承受能力为基础，进行相应目标函数的优化求解。需要满足的用户需求约束可用式（3-71）、式（3-72）表示：

$$C \times SOC_2 \geqslant C \times SOC_1 + \sum_{j=1}^{J} P_j u_j \Delta t \tag{3-71}$$

$$u_j = 0 \, j \geqslant t_{end} \tag{3-72}$$

电动汽车实际充电功率约束可用式（3-73）表示：

$$u_j \times P_{\min n} \leqslant P_j \leqslant u_j \times P_{\max n} \quad (j=1,2,\cdots,J_n) \tag{3-73}$$

式中，$P_{\max}$ 为电动汽车调控策略限制的最大充电功率；$P_{\min}$ 为电动汽车调控策略限制的最小充电功率；Δt 为调控各时段时间间隔；目标函数中添加惩罚项的调控时段最大负荷可用式（3-74）、式（3-75）表示：

$$Z \geqslant \left(\frac{P_j + S_j - \eta_2 \times S_T}{S_T} \right)(j=1,2,\cdots,J) \tag{3-74}$$

$$Z \geqslant 0 \tag{3-75}$$

式中，Z 为电动汽车调控时段的最大负荷；η_2 为电动汽车调控时段最大负荷约束惩罚项限值百分比；目标函数可用式（3-76）表示：

$$\min \left(\sum_{j=1}^{J} P_j u_j p_j \Delta t + M \times Z \right) \tag{3-76}$$

式中，P_j 为电动汽车调控各时段的分时电价；M 为调控时段最大负荷惩罚项。

（2）半在线算例分析。以某小区为例，某小区公变容量为 550 千伏安，台区配变安全约束百分比 η_1 设置为 100%，电动汽车调控时段最大负荷约束惩罚项限值百分比 η_2 设置为 80%，共有 32 辆车接入，电池剩余 SOC 值服从 $N(0.3,0.05^2)$，预期电池 SOC 值服从 $N(0.85,0.05^2)$，电动汽车电池容量设置为 6 千瓦时，用户到达时间服从 $N(19,3^2)$，结束充电时间分布 $N(8,3^2)$，电动汽车最大充电功率分别为 11 千瓦，千瓦，3.5 千瓦，其中最大充电功率为 7 千瓦的车辆占比 50%，其余最大充电功率为 11 千瓦和 3.5 千瓦的车辆各占 25%。

通过该求解实例调用优化模型，并与无序充电的电动汽车负荷进行对比，形成有序充电调控结果对比负荷曲线。有序充电调控结果对比图如图 3-64 所示。

进行有序充电调控策略的汽车负荷曲线较原始无序电动汽车负荷曲线将负荷峰值降低 29.8%，将原本无序电动汽车负荷曲线中超出台区配变容量限制的负荷转移到了低谷区域，并省了电动汽车用户的充电费用。

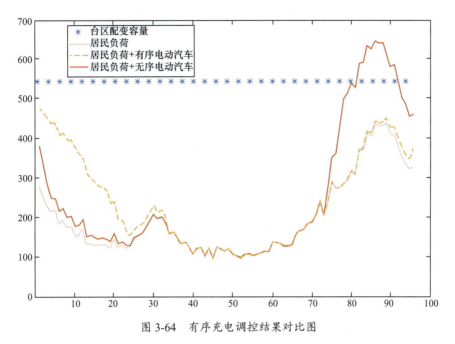

图 3-64　有序充电调控结果对比图

4. 自适应通信条件的控制策略——全离线

当主站、集中器、终端三方通信失效时，在保证台区配变安全供电的前提下，设计如下离线有序充电策略。完整的离线有序充电策略可分为两步开展：①用户群体充电行为建模及预测；②用户充电策略随机生成。全离线有序充电策略流程如图 3-65 所示。

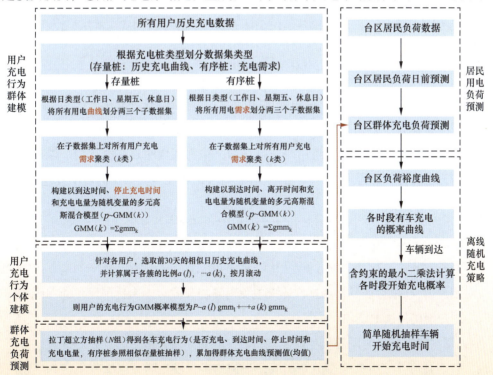

图 3-65　全离线有序充电策略流程图

（1）用户群体充电行为建模。

1）用户群体充电行为建模。首先，日类型划分为工作日，休息日前一日和休息日三类。假设台区有 N 个用户，其中存量桩用户数量为 N_1，有序桩用户数量为 N_2。定义用户编号为 i，$i \in N$，所在日类型为 j，$j=1,2,3$。将用户充电行为用向量 $x_{i,j}$ 抽象，$x_{i,j}=[a_{i,j},b_{i,j},e_{i,j},q_{i,j}]$。其中 $a_{i,j}$ 为充电开始时间，$b_{i,j}$ 为充电停止时间（对于有序桩用户为车辆离开时间），$e_{i,j}$ 为累计充电电量，$q_{i,j}$ 为平均充电功率。

以存量桩用户为例，将所有历史充电行为数据集（一个月）按日类型划分为三个子集 Φ_1，Φ_2，Φ_3，每个子集包含的数据量为 M_1，M_2，M_3。在每个数据集上使用多元高斯混合模型，对用户充电行为的前三个维度 $\boldsymbol{x}:x'_{i,j}=[a_{i,j},b_{i,j},e_{i,j}]$ 聚类，类别数为 K。并使用期望最大化算法（EM 算法）寻找模型的解析表达式可用式（3-77）表示：

$$p(x)=\sum_{k=1}^{K}\pi_k N\left(x|\mu_k,\Sigma_k\right) \tag{3-77}$$

式中，$p(x)$ 为充电概率，$N\left(x|\mu_k,\Sigma_k\right)$ 为第 k 个高斯成分，π_k 为第 k 个（成分）的混合比例，满足 $\sum_{k=1}^{K}\pi_k=1$。

2）用户个体充电行为建模。针对各用户，选取前 30 天的所有相似日历史充电行为，并计算属于各簇的比例 a_1，$\cdots a_k$，按月滚动。并将群体充电负荷模型的高斯混合比例 π_k 比例替换为 a_k，即可获得各用户个体充电行为模型可用式（3-78）表示：

$$p'(x)=\sum_{k=1}^{K}a_k N\left(x|\mu_k,\Sigma_k\right) \tag{3-78}$$

3）用户群体充电负荷预测。根据前 30 天的所有相似日历史充电行为，确定用户可能充电的概率 p_m，然后随机抽样确定其是否充电，然后在用户个体充电行为模型中，通过拉丁超立方抽样，抽取一组用户充电行为，作为用户明日充电行为。以此抽取所有用户的充电行为，并得到用户 i，在日类型 j 下 t 时段（全天共 T 时段）充电负荷：

$$q_{i,j,t}=\frac{e_{i,j}}{b_{i,j}-a_{i,j}+1},a_{i,j}\leqslant t\leqslant b_{i,j} \tag{3-79}$$

$$q_{i,j,t}=0,0\leqslant t<a_{i,j}\ and\ b_{i,j}<t<T \tag{3-80}$$

对用户 i，获取台区其余用户群体充电负荷累加和 Ω_i，与台区居民负荷曲线相加即可获得用户充电裕度曲线。

4）用户充电开始时间随机生成。获得台区容量裕度曲线后，面积归一化，并将其转换为各时段有车充电的概率分布曲线；当插枪事件发生时，电表收集得到电动汽车充电需求信息，并根据电动汽车充电需求，通过有约束的最小二乘法，计算充电时段内的充电起始时刻的概率曲线，并依据舍选法随机选择电动汽车起始充电时段，并分配有序充电时间；上述策略保证在离线条件下为各用户分时提供有序充电能力，实现有序充电的可持续实施。

（2）全离线策略仿真分析。

1）充电需求。以 2021 年 4 月杭州 ×× 居民区的真实数据为例。GMM 分布拟合、基线负荷和充电裕度估计如图 3-66 所示，从图中可知，GMM 在拟合充电行为与开始时间、持续时间和目标充电能量的分布方面的作用。可以观察到，两条曲线之间的误差足够小，并且该方法实现了良好的估计。值得一提的是，电动汽车负荷在 20:00 略有增加，而在 22:00 则迅速增加。在 20:00 很少有居民回家开始充电，但在 22:00，电价从高峰切换到低谷，这导致大量居民选择在此时为电动汽车充电，以享受谷电价格，并导致新的负荷高峰。

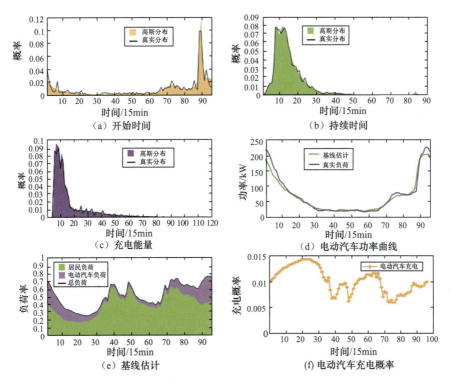

图 3-66 GMM 分布拟合、基线负荷和充电裕度估计

2）案例分析。使用上述预测的充电需求，验证所提策略的有效性。图 3-67（a）、（b）说明了三种不同方法下的总负荷和电动汽车负荷。可以看出，集中式方法和全离线方法都可以降低峰值负荷和 PVD。虽然全离线方法效果不如集中式方法，但当电能表与集中器断开连接时，它仍然可以在减少和转移峰值负荷方面发挥作用。同时，这种效果比无序充电的效果要好。从图中可以清楚地看出，在所有电动汽车同时到达后，

它们一起无序充电，这对变压器造成了很大的压力。此外，图 3-67（c）显示了全离线方法和不可控电动汽车基线的每辆电动汽车的充电行为。

　　不同充电控制方法的比较如图 3-67 所示，由图显示了全离线策略的优点，即在每天接收一次集中器的变压器容量裕度后，电动汽车用户不需要像集中式方法那样保持与公用事业公司的双向通信，它只需要在获得用户的需求后，独立分发计算并执行计费命令。当该算法被大规模用户使用时，变压器的峰值负载可以显著降低。仿真结果数据分析如表 3-29 所示。

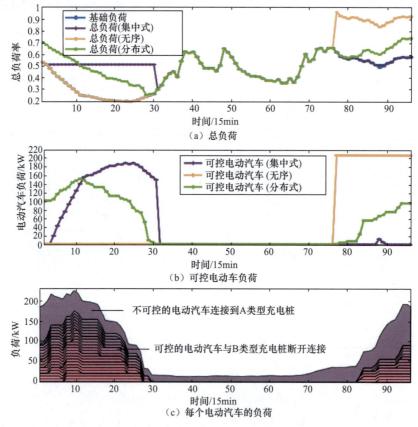

图 3-67　不同充电控制方法的比较

表 3-29　仿真结果数据分析

Type	无序充电	集中式方法	全离线方法
峰值（kW）	600.75	413.07	463.03
峰值削减率（%）	×	-32.2	-22.9
峰谷差（kW）	466.40	216.02	295.01
峰谷差削减率（%）	×	-53.7	-36.7

考虑到电动汽车需求随机性强，所提出的算法与不同住宅负荷水平（高、中、低）下的集中式充电策略进行了比较。这里，高、中、低水平的平均住宅负载率分别为0.70、0.47 和 0.28。不同负荷水平下不同控制方法的比较如图 3-68 所示，该图提供了使用两种不同算法的不同住宅负荷水平下的负荷曲线。在中、低水平的居民负荷下，集中式方法和无通信分布式方法都不会超过变压器的极限。然而，当住宅负载压力高时，集中式方法仍然可以在不超过变压器限制的情况下为所有可控电动汽车提供充电服务。然而，现提出的方法的性能是有限的，不能确保它不超过变压器的极限，在1000 次随机测试后，变压器的过载率为 13.5%。再次证明，全离线方法不如集中控制方法有效，但当电表与集中器断开连接时，它仍然可以减少和转移峰值负载。

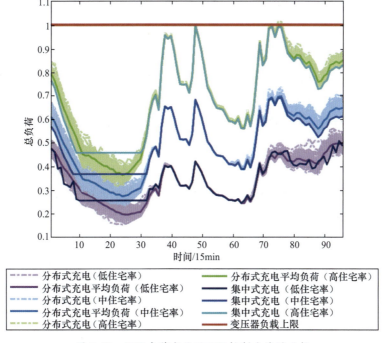

图 3-68　不同负荷水平下不同控制方法的比较

在通信基础设施故障的情况下，住宅区不同比例的可控电动汽车对电动汽车峰值负荷、峰谷差（PVD）和最大可接受容量（MAC）的影响，不同有序桩比例的性能对比如表 3-30 所示，从表中可以看出：①由于分布式充电策略的实施，总负载的峰值和PVD 降低。②随着可控电动汽车比例的增加，负载的峰值和 PVD 进一步降低。③当电动汽车无法控制时，住宅区可容纳的电动汽车的最大数量正是用户数量。④当可控电动汽车的比例增加时，住宅区电动汽车的 MAC 增加。当所有住宅区都是可控电动汽车时，住宅区电动汽车的 MAC 是不可控时的 2.4 倍。

表 3-30 不同有序桩比例的性能对比

有序充电桩比例	峰值（kW）	峰值削减率	峰谷差（kW）	峰谷差削减率	最大接纳能力
0	467.26	×	309.91	×	99
20	445.93	−4.6%	288.26	−7.0%	110
40	429.26	−8.1%	271.64	−12.3%	127
60	414.38	−11.3%	257.96	−16.8%	156
80	407.05	−12.9%	251.08	−19.0%	196
100	394.55	−15.6%	237.58	−23.3%	248

（三）台区内多桩互动柔性功率分配技术

1. 概述

通过与目标充电数据比对，控制功率转换模块计算最佳充电电流，并基于负载率切除空闲功率模块，得到每辆充电电动汽车的预计充电时间并确定优先级，进行合理有序充电功率分配，实现台区内多桩互动柔性功率分配和资源最优化。

有序充电策略的精准实施在一定程度上受限于台区内多台充电桩总负荷的约束。电力计量链路计算并发放有序充电策略到台区后需要在台区层级进行进一步的控制优化。因此，提出台区内多桩柔性功率分配技术，能够实现直流充电桩对用户需求的最大化满足，能够保证充电过程对电池的保护，延长电动车的使用寿命。

2. 技术实现流程

根据用户的充电请求获取目标充电车辆和目标充电时间；获取目标充电车辆中电池的荷电状态；基于模糊控制算法和目标充电时间、荷电状态确定有效充电时间和充电速率；通过有效充电时间和充电速率对目标充电车辆进行充电。

通过 Mamdani 模糊推理算法对目标充电时间、荷电状态进行推理。模糊控制是一种基于规则的控制，是一种直接采用语言型的控制规则，出发点是现场实际操作人员的控制经验或专家相关的专业知识，因此在整个设计过程中不需要建立被控对象的准确的数学模型，整个控制机理和策略易于理解和操作，设计也相对简单并且便于实际应用。当电动汽车用户需要给汽车充电时，用户往往无法准确地提供电动汽车需要停留的确切时间。通过采用"短""中""长"的计时方式来进行统计，根据汽车的电池剩余容量，借助模糊控制这一工具通常能够很好并且快速地解决充电分配这一问题。

模糊规则的建立通过采用经验归纳法，根据个人对于模糊控制的理解并且结合实际的控制情况，推理加工，最后总结出适合当前控制需求的具有一定合理性的控制规则。设计标准为："电池荷电状态越低用户停留时间越短实际充电速率越高"，以此为核心进行归纳推理，结合输出结果的精确性，将每一个输入变量对应三个模糊集合，经过排列组合最终构成具有一般性的九条模糊规则，其具体的形式如下：

Rule_1:if[$<y\_1=B>$]$and<y\_2=B>$then$<u\_1=BB>and<u\_2=SS>$

Rule_2:if[$<y\_1=B>$]$and<y\_2=M>$then$<u\_1=MM>and<u\_2=MS>$

Rule_3:if[$<y\_1=B>$]$and<y\_2=S>$then$<u\_1=SS>and<u\_2=MM>$

Rule_4:if[$<y\_1=M>$]$and<y\_2=B>$then$<u\_1=MB>and<u\_2=MM>$

Rule_5:if[$<y\_1=M>$]$and<y\_2=M>$then$<u\_1=MM>and<u\_2=MB>$

Rule_6:if[$<y\_1=M>$]$and<y\_2=S>$then$<u\_1=SS>and<u\_2=MB>$

Rule_7:if[$<y\_1=S>$]$and<y\_2=B>$then$<u\_1=BB>and<u\_2=MM>$

Rule_8:if[$<y\_1=S>$]$and<y\_2=M>$then$<u\_1=MS>and<u\_2=MM>$

Rule_9:if[$<y\_1=S>$]$and<y\_2=S>$then$<u\_1=SS>and<u\_2=BB>$

此外，充电功率分配还需考虑电池充电电压约束，电压管控实现的详细步骤如下：

（1）SOC 调节其对应的控制器得到对应的实时功率变化率 dP_{bat_soc}，并且满足关系式。关系式可用式（3-81）表示：

$$dP_{bat\_soc} = dP_{bat\_max}\delta_{soc} \tag{3-81}$$

其中 δ_{soc} 由电池的 SOC 阈值所确定，同时满足关系式。关系式可用式（3-82）、式（3-83）表示：

$$\delta_{soc} = \min\left[1, \max\left(1, \theta(soc)\right)\right] \tag{3-82}$$

$$\theta(soc) = \frac{SOC_{high} + SOC_{low} - 2SOC}{SOC_{high} - SOC_{low}} \tag{3-83}$$

（2）根据前向通道的实时数据，实时调节电池的（欠压以及过压保护控制器）的功率变化率，其变化条件满足关系式，关系式可用式（3-84）表示：

$$\delta_v = \begin{cases} \min\left[1, \max\left(0, \frac{V_{bat_e} - V_{bat}}{V_{bat_e} - V_{bat\_max}}\right)\right], if\ dP_{bat_{soc}} > 0 \\ \min\left[1, \max\left(0, \frac{V_{bat} - V_{bat\_min}}{V_{bat_e} - V_{bat\_min}}\right)\right], if\ dP_{bat_{soc}} < 0 \end{cases} \tag{3-84}$$

$$dP_{bat} = dP_{bat\_soc}\delta_v$$

其中 δ_v 由电池的 SOC 阈值以及电池所标定的额定输出电压 V_{bat_e} 决定。

基于模糊控制原则和充电电压约束，形成直流充电桩充电方法的控制策略，柔性功率分配模型整体框图如图 3-69 所示。用户通过终端输入预期充电时间 T_{ep}，直流充电桩通过电池的 BMS 系统读取相关电池数据，其中包括 SOC 与电池电压 V_{bat}，其中 SOC

与 T_{ep} 构成控制的两个输入量，采用模糊控制得出每个电动车的有效充电时间 T_c 和充电速率 C_e；另外，直流充电桩从电池 BMS 读取的 SOC 与电压 V_{bat} 作为电池 SOC 和电压管理的两个控制输入量，计算出保持电池在 SOC 和电压正常范围内所需的输出功率变化量 dp_{bat}，通过充电速率转换器转变成充电速率变化率 dC_e，与前述的模糊控制器输出 C_e 相加得到电动车最终所需的充电速率 C_{e_final}。

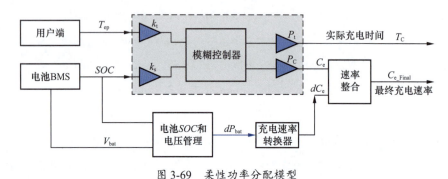

图 3-69　柔性功率分配模型

（四）考虑跨台区车辆移动的"台区级"时空负荷调度技术

1. 概述

考虑跨台区车辆移动的"台区级"时空负荷调度技术是指通过绘制行车向量地图和充电桩奇点，根据充电桩奇点的质量和行车向量的质量计算引力，根据引力调整行车向量地图中每个车辆单位的指向，根据每个充电桩奇点在预设半径内捕获的行车向量的数量配置权重系数，考跨台区车辆移动为对应的充电桩预配置对应负荷容量，实现"台区级"车载动态负荷时空调度。

2. 电动汽车出行轨迹及充电需求分析

电动汽车出行轨迹及充电需求分析服务器接收预设区域内各车辆的车载模块提出的充电需求，获取车辆的行车信息及续航信息，以每辆车的位置为起点、行车方向为指向、剩余续航里程为长度、电池容量系数为质量得到行车向量，绘制行车向量地图。其中行车信息至少包括当前的位置和行车方向，续航信息至少包括剩余续航里程、电池信息，并根据剩余续航里程、电池信息计算电池容量系数，计算得到的行车向量以带属性的线段形式存在于行车向量地图中。

根据剩余续航里程、电池信息计算电池容量系数可用式（3-85）表示：

$$K = A_1 \times W_s + A_2 \times L_s; A_1 + A_2 = 1 \qquad (3-85)$$

式中，A_1 为电量权重；A_2 为里程权重，已使用电量百分比 w_s；L_s 为剩余续航里程的系数值；剩余续航里程小于预设里程时，系数值取值为 1，否则为 0。

3. 行车向量绘制

根据行车信息中的位置，在地图中标记定位点，当定位点位于非车辆可行区域时，报错并删除行车信息，等待预设时间后重新获取行车信息；根据行车信息中的行车方向，为定位点标记指向，当车辆静止时，以车头朝向作为行车方向；根据续航信息中的剩余续航里程，以定位点为起点，沿指向方向绘制线段，线段长度等同于剩余续航里程；根据续航信息中的电池信息计算得到的电池容量系数，为线段设置质量属性，将上述信息保存为行车向量。

4. 基于引力公式的充电需求匹配技术

以充电桩位置为坐标、容量为质量，在行车向量地图中绘制充电桩奇点，在充电桩奇点的第一预设半径内，根据充电桩奇点的质量和行车向量的质量计算引力，根据引力调整行车向量地图中每个车辆单位的指向（充电桩奇点以带属性的点形式存在于行车向量地图中；以充电桩奇点的第一预设半径绘制范围圈，如行车向量与范围圈存在交点，则将充电桩奇点的质量和行车向量的质量代入引力公式计算引力）。将充电桩奇点的质量和行车向量的质量代入引力公式计算引力，建立基于行车向量地图的引力可用式（3-86）表示：

$$F = G_0 \frac{Mm}{r^2} \tag{3-86}$$

其中，F 为引力；G_0 为行车向量地图引力常量；M 为充电桩奇点的质量；m 为行车向量的质量；r 为第一预设半径。

从交点处开始调整该行车向量后续线段的指向，根据引力计算偏转幅度。引力向量偏转如图 3-70 所示。

其计算公式可用式（3-87）表示：

$$a = \frac{F}{k} \tag{3-87}$$

其中，k 为偏转系数；得到偏转角度 $a=a \cdot 90$，从交点处开始将该行车向量后续线段的指向，向充电桩奇点偏转 a 度。

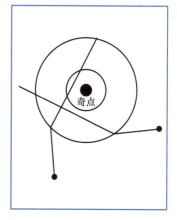

图 3-70　引力向量偏转

5. 负荷容量时空配置技术

通过判断每个充电桩奇点在第二预设半径（第二预设半径小于第一预设半径）内捕获的行车向量的数量；根据该数量与预设区域内所有被捕获的行车向量的总数的比值得到权重系数；基于预设区域的可分配负荷和每个充电桩奇点的权重系数为对应的充电桩预配置对应负荷容量，当预配置的负荷容量大于充电桩的设计容量时，溢出的负荷容量按权重系数的降序依次进行调配。多时空电动汽车负荷调配如图 3-71 所示。

图 3-71 多时空电动汽车负荷调配

（五）可调资源动态分群的多类型能源"电网级"优化配置技术

1. 概述

针对规模化电动汽车等可调资源池的分类调控协同手段不足的问题。根据对应特征间的欧氏距离进行需求响应资源分群，结合日前层各资源池在全天各个时段的调控能力状态，实时进出力调整，构建融入长期调度全局优化特征和短期调度局部经济性自适应的聚合调控模型，支持调控策略优化和平滑，实现计出力在线跟踪，支撑电网调控资源池构建。

根据各需求响应资源对应特征间的欧氏距离获取需求响应资源的初始聚类中心，进而利用需求响应资源初始聚类中心对需求响应资源进行精确分群，对需求响应资源进行合理分类，以便计算出足够的发电备用容量，满足峰荷需求，克服现有技术中分类方法中分类结果同一类别资源对象差异性大和不利于资源相应分析的问题，节省电网系统运行成本。

2. 分群资源特征指标

需求响应资源的聚类指标，即需求响应资源分类的影响因素，包括：需求响应资源的类型、需求响应资源的响应速度、需求响应资源的响应容量、需求响应资源的响应时长和需求响应资源的可调容量转化率，该类指标划分为高、中、低三个等级。

（1）响应速度方面。考虑到发电侧调控速度一般在分钟级，高等需求响应资源的响应速度规定为 5 分钟以内；中等资源响应速度为 5 ～ 30 分钟；低等资源响应速度大于 30 分钟。

（2）响应容量方面。个体响应容量大的用户为高等。高等资源的响应容量应大于 3000kW，中等资源的响应容量介于 1000 ～ 3000kW，低等资源的响应容量小于1000kW。

（3）响应时长方面。可持续超过 3h 为优，响应时长小于 0.5h 为普通型。

（4）可调容量转化率方面。体现了需求响应资源调控难易程度，以及用户从潜力资源转换到可调资源的可能性，由资源分布是否集中、资源是否可直接调控、资源所属用户参与需求响应的意愿等共同决定。

3. 基于模糊 C 均值算法的聚类分析

在众多模糊聚类算法中，模糊 C 均值算法应用最广泛且较成功，它通过优化目标函数得到每个样本点对所有类中心的隶属度，从而决定样本点的类属以达到自动对样本数据进行分类的目的。模糊聚类分析作为无监督机器学习的主要技术之一，是用模糊理论对重要数据分析和建模的方法，建立了样本类属的不确定性描述，能比较客观地反映现实世界，它已经有效地应用在大规模数据分析、数据挖掘、矢量量化、图像分割、模式识别等领域，具有重要的理论与实际应用价值。

随着应用的深入发展，模糊聚类算法的研究不断丰富。基于改进模糊 C 均值聚类算法能够精细化需求响应资源的分类，计算出足够的发电备用容量以满足峰荷需求，降低发电成本、减小市场电价波动、提高系统安全可靠性和减轻环境污染等。

（1）初始聚类。用于根据各需求响应资源对应特征间的欧氏距离获取需求响应资源的初始聚类中心，具体步骤如下：

步骤 1： 若各需求响应资源对应特征间的欧氏距离中两个需求响应资源对应特征间的欧氏距离最小，则两个需求响应资源对应特征的平均特征为初始聚类中心。

步骤 2： 去除与两个需求响应资源对应特征中任一需求响应资源对应特征间欧氏距离小于阈值 a 的需求响应资源对应特征，返回步骤 a，直至全部需求响应资源对应特征均被去除，并输出全部初始聚类中心。

按下式确定需求响应资源 i 对应特征与需求响应资源 j 对应特征间的欧氏距离可用式（3-88）表示：

$$d_{ij} = \sqrt{\sum_{r}^{n}(i_r - j_r)^2} \tag{3-88}$$

式中，i_r 为需求响应资源 i 的第 r 个特征；j_r 为需求响应资源 j 的第 r 个特征；n 为需求响应资源对应特征的数量。

（2）资源分群。用于利用需求响应资源初始聚类中心对需求响应资源进行分群，将需求响应资源初始聚类中心作为 FCM 聚类算法的初始聚类中心，对需求响应资源对应特征进行分群，获取需求响应资源的分群结果。

（3）评价指标。用于根据需求响应资源的分群结果的分离程度和模糊程度对需求响应资源的分群结果进行评价。其中，需求响应资源的分群结果的分离程度与需求响应资源的分群结果成正比，需求响应资源的分群结果的模糊程度与需求响应资源的分群结果成反比。

具体地，确定需求响应资源的分群结果的分离程度 K_{pc} 可用式（3-89）表示：

$$K_{pc} = \frac{1}{n}\sum_{i=1}^{c}\sum_{j=1}^{n}\mu_{ij}^{2} \tag{3-89}$$

按下式确定需求响应资源的分群结果的模糊程度 K_{ce} 可用式（3-90）表示：

$$K_{ce} = -\frac{1}{n}\sum_{i=1}^{c}\sum_{j=1}^{n}\mu_{ij}\log\left(\mu_{ij}\right) \tag{3-90}$$

式中，n 为需求响应资源的数量，c 为需求响应资源分群的数量，μ_{ij} 为第 j 个需求响应资源属于第 i 个群的隶属度值。多类型能源分群聚类算法如图 3-72 所示。

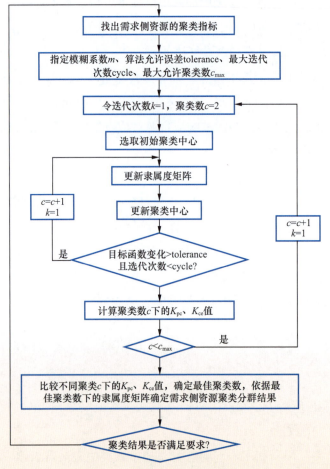

图 3-72　多类型能源分群聚类算法

四、基于新型电力计量的车网协同系列装备与平台

（一）技术原理

基于泛计量全流程链路的有序充电装备，开发车桩网一体化的智能计量管控平台和电动汽车用户侧微应用，实现车桩网一体化灵活协动，基于新型电力计量的车网协同系列装备与平台技术路线如图 3-73 所示。

图 3-73 基于新型电力计量的车网协同系列装备与平台技术路线

（二）全计量链路的有序充电装备

物联电表 B 型模组，支持与充电桩装置可靠通信，满足采集电动汽车充电需求、有序充电策略存储与执行功能。研发有序充电桩，基于 GB/T 18487.1—2015《电动汽车传导充电系统 第 1 部分：通用要求》，在不改变硬件接口、不增加硬件成本的基础上实现车桩有线可靠通信。开发充电桩与电动汽车 OBC 模块，无须升级硬件，仅需更新充电控制软件，实现"车－桩"双向通信及有序充电功能。

1. 智能物联电能表（B 型模组）

该模组通过智能电能表扩展插槽插入智能电能表。有序充电扩展模组是有序充电策略的核心功能模块，一方面接收来自智能电能表有序充电微应用的充电策略，另一方面接收来自充电桩的充电需求信息（包括电池 SOC、电池容量、用车时间等），根据充电策略与充电需求对充电桩充电过程进行实时控制，并将充电状态信息、充电事件、充电故障等信息上报到智能电能表，由智能电能表通过集中器转发到用采主站。在电能表与上端通信故障时，采用离线有序充电策略对充电过程进行管控，并存储充电事件，实现通信链路恢复后根据主站需求进行事件上传。

开发电表 B 型模组，实现有序充电双向通信与策略执行。嵌入全离线控制策略，实现有序充电就地控制。B 型模组电路主要包括 DC/DC 电源、CP 驱动、CP 监测等。PWM 脉宽为 5% 时，实现与充电桩的数据通信。

B 型模组与电动汽车的 CP 信号传输采用光耦耦合传输，实现 CP 信号的 ±12V 电平输出，同时增加了 CP 电路的抗干扰能力。在 B 型模组里，CP 电压需要实现 ±12V 的电路。实现电动汽车充电功率的调节，PWM 脉宽调整范围为 10% ～ 53.3%，对应的控制充电电流从 6 ～ 32A（参见 GB/T 18487.1—2015《电动汽车传导充电系统 第 1 部分：通用要求》中的表 A.1）。智能物联电能表如图 3-74 所示。

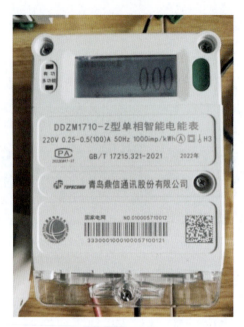

图 3-74 智能物联电能表

2. 有序充电桩电路设计

有序充电桩电力设计删去了部分冗余功能，仅保留保护及通断控制功能。有序充电桩电路与标准充电桩相比，增加了模拟车载充电机控制装置。原有的桩端保护电路保留，桩端保护功能有输入电压异常、充电电流过流、急停、漏电、继电器粘连、检测车端发出异常信号等。

模拟车载充电机控制装置用于实现检测 B 型模组的 PWM 信号、检测充电桩的 PWM 信号、使充电桩 CP 电压在 6、9、12V 三个电压档位切换、使 B 型模组 CP 电压在 6、9、12V 三个电压档位切换、与电动汽车连接的 CP 驱动电路和 CP 监测电路。

（1）正常启动充电逻辑。用户未插枪：充电桩检测点 4 的 CP 电压为 12V、B 型模组检测点 1 的 CP 电压为 12V。用户插枪：电动汽车 R3 接入，充电桩检测点 4 的 CP 电压为 9 伏安，B 型模组检测点 1 的 CP 电压为 9 伏安，B 型模组的 CP 发送 PWM 信号，充电桩的 CP 发送 PWM 信号，电动汽车检测到 PWM 信号，电动汽车闭合 S2 开关，充电桩检测点 4 的 CP 电压为 6 伏安，B 型模组检测点 1 的 CP 电压为 6 伏安，充电桩闭合继电器 K1、K2。

（2）正常停止充电逻辑。电动汽车充满电，电动汽车断开 S2 开关，充电桩检测点 4 的 CP 电压为 9 伏安，B 型模组检测点 1 的 CP 电压为 9 伏安，充电桩断开继电器 K1、K2，用户拔枪，充电桩检测点 4 的 CP 电压为 12 伏安，B 型模组检测点 1 的 CP 电压为 12 伏安。

（3）充电过程中发生异常。以急停为例：急停按下，充电桩的 CP 停止发送 PWM 信号，充电桩断开继电器 K1、K2，电动汽车断开 S2 开关，充电桩检测点 4 的 CP 电压为 9 伏安，B 型模组检测点 1 的 CP 电压为 9 伏安，B 型模组的 CP 停止发送 PWM 信号，用户拔枪，充电桩检测点 4 的 CP 电压为 12V，B 型模组检测点 1 的 CP 电压为 12 伏安。B 型模组、充电桩的 CP 驱动电路、CP 监测电路以及有序充电桩模拟车载充电机控制装置部分电路分别如图 3-75 ～图 3-77 所示。

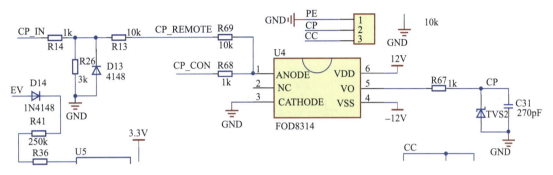

图 3-75　B 型模组、充电桩的 CP 驱动电路

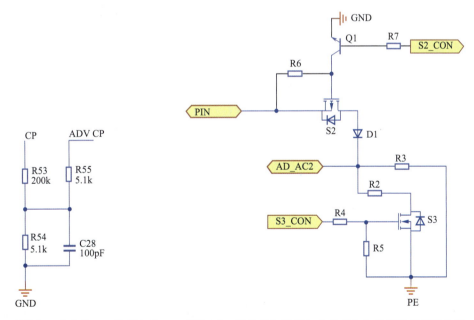

图 3-76　B 型模组、充电桩 CP 监测电路　　图 3-77　有序充电桩模拟车载充电机控制装置部分电路

3. OBC 有序充电软件模块开发

通过开发满足 GB/T 18487.1—2015 标准的双向通信机制，打通充电桩与电动汽车 OBC 的通信壁垒，满足有序充电体系中车桩友好互动要求。根据 GB/T 18487.1—

2015，在 CP 信号的 PWM 占空比为 5% 时，车桩进入数字通信流程。通过车载充电机分合 K2 开关，完成信息比特位传输。当充电桩检测到插枪信号后，将 CP 信号 PWM 占空比设置为 5%，车载充电机检测到 5% 的占空比时，将充电需求信息，包括 SOC、电池容量、用车时间等通过上述比特位数据传输机制发送到充电桩。

OBC 有序充电软件模块电路板如图 3-78 所示，其功能为利用双刀双掷继电器进行原本 CP 和模拟 CP 的切换。步骤为：首先，主板检测到 5% 占空比 CP，判断是有序充电桩后，切换继电器，使桩端 CP 连接到板上的模拟 CP 电路上，车端 CP 直接给 12V；其次，控制板上的 S2 开关，与桩上通信；通信完成后，切换回原路 CP 状态。

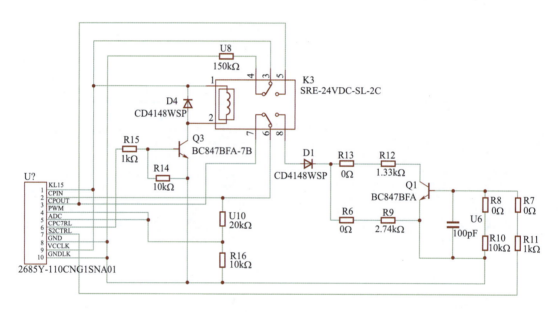

图 3-78　OBC 有序充电软件模块电路板

OBC 有序充电软件模块开发板基于上述硬件改制方案进行基于英飞凌平台的软件设计：①充电枪连接后 CC 信号接通，检测点 3 监控到 CC 信号接通后（电压变化），S1 从 12 伏安连接到 9 伏安（PWM）信号；电路输入 CC 两路相降压（3.3 ～ 5 伏安）信号，分别设计电压采样判断，根据采集信号变化，控制器识别连接信息；同时捕获 PWM 判断为 5 占空比识别为有序充电桩。②检测到采集电压变化后，CP 控制激活，电路切换到模拟 CP 信号输出，车端 S2 接收到 12 伏安不闭合，不充电。③连接 CAN 通信，获取车辆 SOC 等 Msg 进行解包。④根据复现的原车电路将车辆信息传递给充电桩。S2 输出端口根据信息整合为 Uart 协议传递车辆信息给到充电桩。⑤检测到 PWM 占空比允许充电，则关闭 CP 控制输出，连接原电路，进行正常充电。

（三）车网一体化的智慧计量平台

针对面向车桩网计量的管控平台缺失、计量巡检运维全周期管控平台智能化程度不足的问题。通过研发车桩网一体化智能计量管控平台，嵌入电力营销生产业务系统，包括车网协同互动模块、高效运维派工模块、表箱智能巡查模块，实现面向车桩网互动场景的信息全景感知、智能调度和高效运维。

1. 车网协同互动模块

与用电信息采集系统、网上国网 APP 实施对接，开发面向电网与电动汽车协同互动的管控平台，实现各项技术在系统中的验证，评估所提出电动汽车有序充电技术的有效性。有序充电协同管控平台如图 3-79 所示。

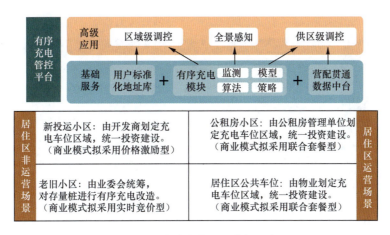

图 3-79　有序充电协同管控平台

开展工程化应用技术示范验证作为有序充电体系中的中枢系统，本平台包括用电系统和数据来源两大模块功能。系统总体架构图如图 3-80 所示。

（1）台账管理子系统。作为具备有序充电管理功能的电表，除具备通用计量计费电表的台账信息之外，另外需要增加对充电功能的支持，例如枪线规格、有序充电模块与表之间的通信方式，用户是否参与有序充电等。

（2）数据采集子系统。一是通过电表链路采集表运行数据，包括充电启停、有序功率调节曲线、充电时间、充电电量等；二是通过网上国网采集用户充电需求，例如车型、用车时间、SOC 上下阈值等；三是通过电表链路采集车辆能量信息，例如电池电量、充电功率等；四是采集台区信息，例如配变容量、负载率、三相负荷分布信息等。

（3）数据分析子系统。根据数据采集子系统采集到的数据，从不同维度分析用户充电行为，为充电负荷建模，分析环境对充电过程的影响，分析电费对用户充电行为的影响，作为有序充电策略制定提供数据支撑。

（4）有序充电策略子系统。支持手工配置单表、单台区、批量配置有序充电策略，作为基础功能。考虑充电设施数量爆炸式增长，必须从安全用电要求、需求响应要求、削峰填谷要求、新能源消纳要求等维度构建有序充电模型，根据数据分析子系统的分析结果自动生成有序充电策略并下发到对应电能表。

（5）充电预警子系统。根据数据分析子系统的分析结果，自动对电表安装、充电负荷等达到阈值时告警通知。

（6）运营优化子系统。根据有序充电过程数据分析，计算电费补贴、需求响应补贴并发送到用户。

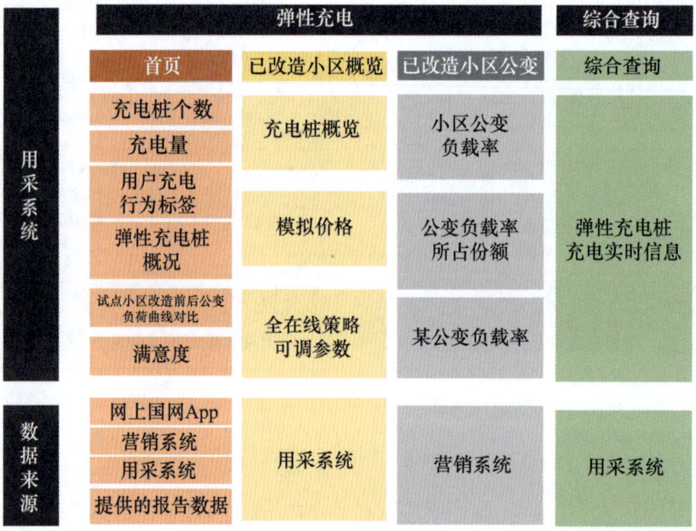

图 3-80　系统总体结构

2. 管控系统平台界面开发

（1）管控大屏首页。以已改造的三个示范小区（科创公寓、三秋花苑、融创森与海）为例，通过管控大屏首页展示已改造小区概览界面、实景图片（俯瞰图），能清晰详尽显示小区内的所有接入有序充电桩的公变名称、有序充电次数（每日更新）、用户累计充电功率（不同充电功率的车辆进行充电次数的累计值，每日更新）等。

（2）公变页面。通过设计的公变页面，能够全面展示公变下所有车位的实时信息、台区负荷实时数据、台区配变容量、24 小时最大负荷、充电桩总数、正在充电的用户总数、今日累计有序充电次数、该月累计有序充电次数、今日累计充电电量、该月累计充电电量等数据。

其中，台区负荷实时数据图中共有三条曲线，每天更新，展示前一天的数据。曲线1指的是台区负荷配变容量，为固定值，恒为直线。曲线2指的是不可控负荷，由台区总负荷减去有序充电总负荷，得到不可控负荷。曲线3指的是不可控负荷 + 电动汽车有序充电负荷，即参与有序充电之后的台区总负荷。曲线4指的是不可控负荷 + 电动汽车无序充电负荷，即未参与有序充电的台区总负荷，其中电动汽车无序充电负荷为预测值。车位使用情况如图3-81所示。

图 3-81 车位使用情况

3. 高效运维派工模块

（1）寻址"APP"软件。寻址"APP"软件指的是通过地理定位、最优路径规划、历史数据上传更新，给计量工作人员提供最佳路线，包括了服务端和客户端两大模块；同时，运维人员还可以通过寻址"APP"获取用电客户户号、户名、历史运维数据等相关信息。

根据特定使用场景下的实际工作需要，寻址"APP"将用户角色划分为两大类型，具体如下：

1）数据采集人员。主要负责去农村采集数据，包括用电客户电表所在位置数据和连接用电客户的线路数据，采集之后还要在有网络的情况下及时通过上传、下载的方式与服务器同步数据。

2）日常运维人员、反窃电工作人员。通过依赖于客户端下载到的最新线路数据前往需要运维的用户地址，所有作业人员均可借助软件的路线规划和实时导航功能方便地查询到不同用电户之间的最短路径，维修过程中还可针对该用电客户添加备注信息。"寻址 APP"功能总体框图如图3-82所示。

（2）寻址"APP"服务端。"寻址 APP"数据库通过 HTTP 协议实现客户端与云端服务器通信，包括客户端本地数据库中位置信息、线路信息和用电户资料与服务器端的同步更新。"寻址 APP"功能图如图3-83所示。

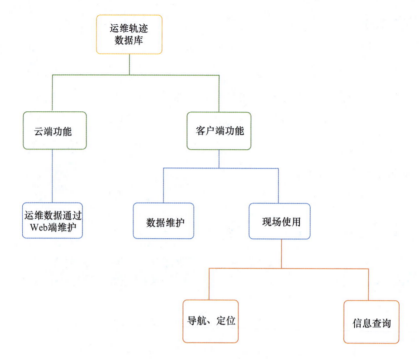

图 3-82 "寻址 APP" 功能总体框图

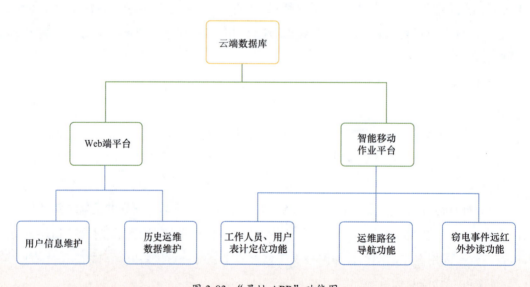

图 3-83 "寻址 APP" 功能图

　　为方便工作人员和管理人员对云服务器上的数据进行管理和查询，系统基于
Django 模板，设计了一个 Web 端的管理平台。"寻址 APP" Web 端界面如图 3-84
所示。

图 3-84 "寻址 APP" Web 端界面

通过 Web 端管理平台实现了以下功能：

1）导入导出用户信息 Excel 表。管理人员可以批量添加或批量导出电网用户信息，即上传与导入 Users 表，此表包括用户姓名、电话、地址、表计条码等相关用电客户信息；

2）导入导出用户经纬度信息 Excel 表。管理人员可以批量添加或批量导出电网用户住址的经纬度信息，即 Route 表，此表包含线路 ID、起点、终点、经度、纬度、采集者等相关地理信息；

3）导入运维历史信息 Excel 表。Route 表中每一条路线的起点 / 终点都是路上的节点（途经点），记录节点方便路径查询，即 Node 表，不断更新每次运维轨迹至数据库中。

（3）寻址"APP"客户端。寻址"APP"客户端包括线路采集模块、普通作业模块、用户信息修改模块，具体功能如下：

1）线路采集模块。该模块包括定位及线路绘制界面、途经点（节点）信息记录页面及位置显示页面用于展示软件用户作业操作流程及线路绘制、定位模块的操作过程。用户主界面、途经点信息记录界面分别如图 3-85、图 3-86 所示。

2）普通作业模块。普通作业模块包含路径规划和导航两个功能。在路径采集过程中记录过的途经点都可以作为起点或终点被查询，查询者可以输入用户 ID、用户名或其他位置点名称的一部分，点击输入框右侧的搜索图标即可模糊查询，主要查询 Users 表和 Node 表。查询结果会呈现在一个列表中，列表条目会呈现相似用户的户号 ID、户名、户址或其他位置点名称、所在台区名等，查询者根据更详细的信息选择合适的位置点。用户查询界面、线路导航效果图分别如图 3-87、图 3-88 所示。

图 3-85　用户主界面

图 3-86　途经点信息记录界面

图 3-87　用户查询界面

图 3-88　线路导航效果图

3）用户信息修改模块。用户信息修改部分通过整合在途经点记录页面，可根据户号 ID、户名、表计局号和终端局号等查询、核对用电户信息，并利用定位功能修改用电户经纬度或手动补充、修改用电户详细地址，备注电力设备维修状态信息。

4）窃电事件远红外抄读模块。该模块适用于反窃电人员到达窃电现场后，对"现场管控型"反窃电电能计量装置所记录的窃电事件进行红外抄读，在打开表箱检查前进行窃电行为预估，预估其是否有受过强磁攻击、高电压攻击、电火花攻击等破坏计量装置事件。

5）其他模块。

①数据更新模块。主要包括线路信息上传、下载，用电户数据上传、下载。对于数据库，涉及所有表的查询、更新、插入；与服务器间数据通信与解读，主要用到Http 请求、JSON 封装解析等技术。

②离线地图管理。为了方便在无网络情况下顺利通过展示特定地区地图数据，从而保证部分业务功能不受网络限制。"寻址 APP"客户端模块图如图 3-89 所示。

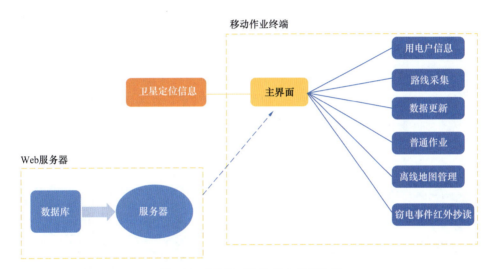

图 3-89　"寻址 APP"客户端模块图

4．表箱智能巡查模块

（1）表箱电表评估 Web 系统。可以实现对电力用户的权限管理，智能电表的录入，查询用户信息、故障的管理等功能。

该系统用户分三类不同权限的角色，系统管理员、查询用户、上传者。具体角色权限管理如下：

1）系统管理员账号：该角色拥有系统最高的权限，可以新增用户、修改用户的状态和信息、删除用户，还有对用户密码进行重置。

2）查询用户：由系统管理员创建并激活状态，该角色可以查询电表和表箱的评估结果和查看表箱的生命曲线。

3）上传者：由系统管理员创建并激活状态，该角色可以上传电表和表箱图，查询用户、电表及表箱相关信息。

表箱生命曲线如图 3-90 所示。

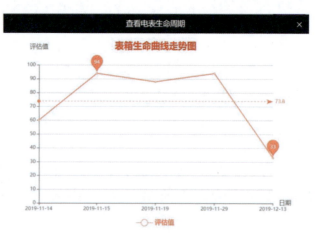

图 3-90　表箱生命曲线

（2）智能图像采集 APP 软件平台。通过移动端相机拍摄电力图像样本，实现智能电表图像样本采集的快捷化和便捷化。目前，该软件平台具备样本采集、条形码识别、人工预览、文件上传、电表图像检测分析等服务能力。移动端 APP 应用界面如图 3-91所示。

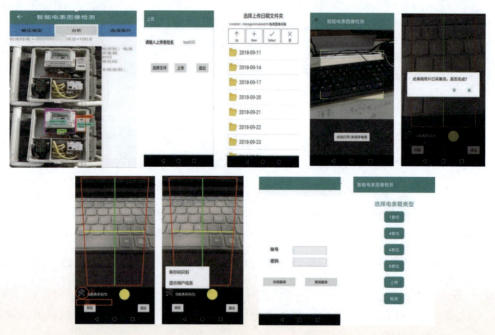

图 3-91　移动端 APP 应用界面

（四）电动汽车用户侧微用

针对用户侧充电需求信息交互载体杂乱、手段不足、互动友好性差等问题。通过开发电动汽车用户侧有序充电微应用，打通用采主站与网上国网 APP 车辆充电信息数据传输路径，支持用户通过网上国网 APP 实现对车辆充电需求的灵活互动，提供差异化的充电体验。挖掘每位用户的习惯和偏好，量身打造定制化的充电服务。

1. 网上国网与用采主站数据交互

为推动项目示范工程落地，需要在用采主站新建一批电动汽车有序充电示范用户白名单，数据项包括户号和户名。网上国网可直接调用用采主站的白名单数据，通过户号直接绑定用户，进行电动汽车有序充电示范应用。

（1）已改造车辆。

1）网上国网→用采主站。电动汽车软件升级后，用户可通过车桩网互动链路上传车辆信息，无须在网上国网 APP 再填报数据。

2）用采主站→网上国网。用采主站通过车桩网互动链路收集到车辆信息后，将部分数据传输到网上国网 APP。用户可在网上国网 APP 有序充电页面查看车辆的充电信息和更改其充电需求，以满足出行需要。已改造车辆数据传输见表 3-31。

表 3-31 已改造车辆数据传输

编号	描述	数据类型	大小（字节）	单位	范围
（1）	是否参与弹性充电	byte	1		
（2）	目标 SOC 值	byte	1		(0～100)/100
（3）	初始 SOC 值	byte	1		(0～100)/100
（4）	电池容量	byte	1	kWh	(0～250)/1
（5）	车辆额定功率	byte	1	kW	(0～250)/10
（6）	出发时间	data_time_s	7		
（7）	插枪时间	data_time_s	7		
（8）	车架号		18		
（9）	已充电量	byte	1	kWh	(0～250)/1
（10）	预计节省费用	byte	1	元	(0～25000)/100

（2）未改造车辆。

1）网上国网→用采主站。电动汽车未经改造，用户通过链路只能上传少量车辆信息，并在网上国网 APP 填报其他车辆数据。用采主站通过链路能接收到相关数据，并通过网上国网 APP 上传至主站。用采系统可直接获取的数据、网上国网 APP 上传数据分别见表 3-32、表 3-33。

表 3-32　用采系统可直接获取的数据

编号	描述	数据类型	大小（字节）	单位	范围
（7）	插枪时间	data_time_s	7		
（9）	已充电量	byte	1	kWh	(0～250)/1

表 3-33　网上国网 APP 上传数据

编号	描述	数据类型	大小（字节）	单位	范围
（1）	是否参与弹性充电	byte	1		
（2）	目标 SOC 值	byte	1		(0～100)/100
（3）	初始 SOC 值	byte	1		(0～100)/100
（4）	电池容量	byte	1	kWh	(0～250)/1
（5）	车辆额定功率	byte	1	kW	(0～250)/10
（6）	出发时间	data_time_s	7		
（8）	车架号		18		

2）用采主站→网上国网。由用采主站将相关数据传输至网上国网 APP，以便于用户查看车辆的充电情况。用采系统返回 APP 数据见表 3-34。

表 3-34　用采系统返回 APP 数据

编号	描述	数据类型	大小（字节）	单位	范围
（7）	插枪时间	data_time_s	7		
（9）	已充电量	byte	1	kWh	(0～250)/1
（10）	预计节省费用	byte	1	元	(0～25000)/100

3）充电历史记录。用采主站需要将用户历史充电数据传输至网上国网，方便用户查看相关充电记录。历史记录数据传输见表 3-35。

表 3-35　历史记录数据传输

编号	描述	数据类型	大小（字节）	单位	范围
（11）	充电开始时间	data_time_s	7		
（12）	充电结束时间	data_time_s	7		
（13）	充电量	byte	1	kWh	(0～250)/1
（14）	金额	byte	1	元	(0～25000)/100

2. 网上国网 APP 页面开发

通过对网上国网 APP 电动车板块开发有序充电模块,将充电行为的"无序"转为"有序",实时动态调整充电时间和充电功率,优化电网负荷平衡度,减少新能源充电桩对电网的冲击作用,有助于供电企业精准预测充电需求趋势,优化电网资源配置。网上国网 APP 页面开发流程图、使用界面图分别如图 3-92、图 3-93 所示。

图 3-92 网上国网 APP 页面开发流程图

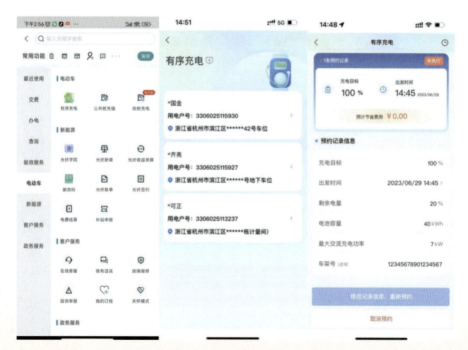

图 3-93 网上国网 APP 使用界面

▶▶ 第四章 车网互动商业
模式创新探索及
示范应用

第一节　车网互动商业模式创新构建

一、构建合理的车网互动商业关系

车网互动涉及利益相关方众多，包括电网公司、资源聚合商、电动汽车用户、整车企业、政府部门等多个主体，且各参与主体之间独立平等，并存在差异化诉求。其中：

电网企业是车网互动服务的主要购买方，同时也是车网互动的主导参与者和价值引领者，要提出需求、主导市场、考核资源质量；

资源聚合商是车网互动服务的提供者，包括充换电运营企业、整车企业、售电公司、专职从事资源聚合 / 虚拟电厂业务的企业等，现阶段国内探索车网互动最积极的资源聚合商是充电运营企业，应在安全范围内开展优质资源识别、聚合和管理形成市场规则；

电动汽车用户是车网互动的资源拥有者，通过有序充电参与市场，满足充电需求的同时，更高效更经济。

整车企业是间接受益者，打通了充电难和交通绿色化的难题，提升国家和用户对于新能源汽车的扶持和消费意愿，提升新能源汽车的消费水平。

政府部门是车网互动各方利益的保障者和引导者。车网互动相关主体关系如图4-1所示。

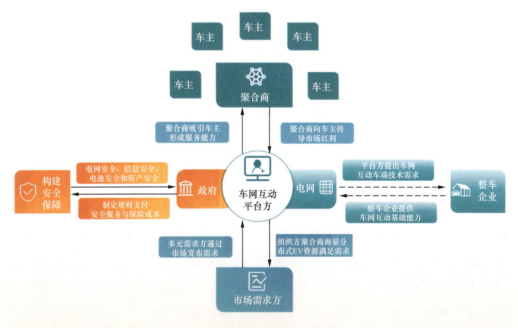

图 4-1　车网互动相关主体关系

当前，我国车网互动产业正处于从商业化初期向规模化发展的关键阶段。为了促进行业健康良性发展，应在尊重各方诉求和利益的基础上，构建起合理的车网互动商业关系。

首先，政府部门和电力交易机构需要继续完善电力市场建设，向自由聚合商开放更多交易品种，有针对性地开辟面向灵活自由的新型交易品种。

其次，电网企业应积极主动构建开放包邮的跨行业信息互动生态，满足用户侧与调度部门之间高频率、高可靠、低时延的业务交互需求。

然后，由资源聚合商建立面向用户的"调研－采集－预测－引导"闭环组织体系，强化电动汽车资源聚合管理和精准调控的核心能力。

最后，政府部门可考虑构建"车－桩－电池－网"的跨行业、跨主体基础平台，促成车网互动多主体信息交互，推进相关技术标准的制定、实施与监督。与此同时，还可加大对充电基础设施升级改造的扶持力度，助力车网互动行业的起步发展。

二、推动有序充电的收益机制完善

有序充电的收益机制主要通过优化电动汽车的充电行为，以减轻电网负荷并提高充电设施的经济效益。在当前存量设备改造成本高，各类主体参与积极性不强的背景下，政府与电网企业作为有序充电的推动方与受益方，迫切需要扩大用户参与规模，提高充电用户、第三方运营商以及物业的有序充电收益，加强有序充电服务，创建互利协作新局面。

一是当前价格机制未能真实反映电网的调节需求，分摊机制没有切实导向具体受益者也是补贴资金来源不明确的原因。需建立健全居民充电峰谷分时电价机制，鼓励围绕居民充电负荷与居民生活负荷建立差异化的价格体系，推动居民小区内的公共充换电设施用电实行居民电价，推动私人充电设施用电实行峰谷分时电价政策；推动提供充电桩单独装表立户服务，更好满足居民需要。可优先对参与有序充电的电动汽车用户采取峰谷电价优惠，对大范围开展有序充电的示范区、示范城市采取峰谷电价等，以此提升用户参与有序充电意愿。

二是创新需求响应机制，丰富需求响应品种，提升用户参与频次和响应规模。鼓励智能有序充电模式参与电网调节，衔接需求响应及辅助服务市场机制建设，落实"谁受益，谁承担"的分摊原则，扩大调节补贴资金池。结合政府需求响应补贴机制，根据有序充电桩归属主体的不同，推动构建三类充电桩的差异化补贴模式，实现电网企业、小区物业、第三方运营商、充电客户等多方共赢。

（1）电网企业公共有序充电桩运营补贴。由电网企业建设运营的公共有序充电桩补贴对象主要为两类，分别为小区物业和充电客户。

1）小区物业。小区物业为公共充电桩的建设提供了场地和管理支持。电网企业可与小区物业约定充电服务费分成比例，直接通过服务费分成形式补贴小区物业。另外，还可为小区物业提供设备检查、综合能源服务等其他增值服务。

2）充电客户。客户使用公共桩进行有序充电，电网企业可根据有序充电策略执行情况，给予客户充电红包、充电积分等奖励。充电红包可直接抵扣充电费用，充电积分可兑换汽车保养、清洗等服务优惠券。

（2）第三方运营商补贴。对第三方社会运营商建设运营的有序充电桩，主要是结合政府需求响应补贴标准，积极推动政府出台相关补贴政策。此外，电网企业也可根据第三方运营商参与有序充电的实施效果，适当提供电费红包、设备运维等多样化补贴形式，提高社会运营商参与有序充电的积极性。

（3）居民自用充电桩补贴。除政府对充电桩智能化改造进行财政补贴外，电网企业可对居民个人自用充电桩参与有序充电的客户提供电费及积分补贴、服务补贴两种补贴形式：

1）电费及积分补贴。综合考虑客户参与有序充电负荷转移效果、小区变压器负载、参与次数等情况，以电费红包和积分等形式向客户提供补贴，电费红包可抵扣充电费，积分可兑换实物礼品，如智能家电、车内用品等。

2）服务型补贴。针对产权归属客户的有序充电桩，为客户提供充电桩运维服务。面向全体有序充电参与客户，联合 4S 店等服务机构，提供电动汽车保养等服务。有序充电多方补贴机制示意图如图 4-2 所示。

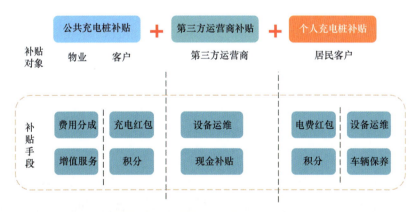

图 4-2　有序充电多方补贴机制示意图

三、拓展 V2G 试点规模化示范应用

中国新能源汽车保有量逐年上升，根据公安部今年 7 月发布的数据，截至 2024 年

6月底，全国汽车保有量为 3.45 亿辆，其中新能源汽车有 2472 万辆，新能源汽车保有量占整体汽车保有量的份额为 7.2%。其中，纯电动汽车保有量 1813.4 万辆，占新能源汽车总量的 73.35%。预计 2024 年底将超 3000 万台，庞大的充电需求量和使用密集程度，给国家电网带来巨大的用电波峰压力。例如，负荷峰谷差加大，发电侧调节困难；输电网络负荷不均衡，导致系统网损增加和网络阻塞等。

在此背景下，推广 V2G，既有可能性，也有必要性。一方面，当前电池的技术、安全性都得到很大提升，电池循环次数可达 3000 到 5000 次，新能源汽车电池可作为移动的储能单元发挥更大作用。另一方面，在能源转型和"双碳"目标的背景下，我国大力发展可再生能源，风力发电、光伏发电将逐步成为发电主力，电源侧的随机性和波动性会越来越强，亟须做好发用电平衡。推广 V2G 对建设新型能源体系和新型电力系统意义重大。

目前，全球 V2G 技术正在快速发展，处于产业化前期，推广应用以地区、园区、工厂、校园等场景的试点示范为主，少数企业开启商业运营验证。据 V2G Hub 网站不完全统计，目前全球有 92 个 V2G 试点示范项目，分布在 22 个国家和地区，主要集中在欧洲和北美。发达国家对 V2G 都较为重视，配套政策支持的力度也大。国内，V2G 技术正在加快示范应用。V2G 示范充电站试点已在深圳、北京、上海、四川、江苏、浙江、山东等地展开，并尝试商业化运营。国家电网已经在 20 个省市试点建设 V2G 充放电桩 1500 余台，今年 1～8 月累计放电量 2.8 万千瓦时，并依托试点项目探索 V2G 参与一般工商业削峰填谷、配网互动等多场景应用。

加上今年 9 月，国家发展改革委办公厅等部门发布《关于推动车网互动规模化应用试点工作的通知》。其中提到，按照"创新引导、先行先试"的原则，全面推广新能源汽车有序充电，扩大双向充放电（V2G）项目规模，丰富车网互动应用场景，以城市为主体完善规模化、可持续的车网互动政策机制，以 V2G 项目为主体探索技术先进、模式清晰、可复制推广的商业模式，力争以市场化机制引导车网互动规模化发展。通知明确要求各省推荐试点城市，共选取不少于 5 个城市及不少于 50 个 V2G 项目列入试点范围。参与试点的地区应全面执行充电峰谷分时电价，力争年度充电电量 60% 以上集中在低谷时段，其中通过私人桩充电的电量 80% 以上集中在低谷时段。参与试点的 V2G 项目放电总功率原则上不低于 500 千瓦，年度放电量不低于 10 万千瓦时，西部地区可适当降低。同时，国家能源局等部门将组织专家审查，选取发展基础好、政策力度大、带动效应强的城　市及项目，以促进 V2G 技术的商业化应用。

由此可见，拓展 V2G 试点规模化示范应用工作不仅是未来的趋势，也是推动新能源汽车与电力系统融合的重要举措。

四、构建居民区有序充电商业模式

针对老旧小区电力容量冗余有限、公共充电设施布局不合理、部分居民小区建桩难充电难、充电市场运行不规范等问题，推广有序充电是破解城市居民小区充电难题的有效途径。但目前居民小区有序充电模式在我国仍处于起步阶段。国网公司近两年在北京、上海、河南、江苏等地选取了试点小区，探索开展有序充电业务。目前绝大多数有序充电项目选择在小区公共停车位新建公用有序智能充电桩，按照"先来先充、预约充电"原则制定有序充电计划，引导车主有序充电、低谷充电。

各地试点项目在电网削峰填谷、满足用户充电需求、降低用户充电成本等方面取得了一定成效，但由于缺乏行之有效、多方共赢的推广与运营手段，目前有序充电在居民小区的应用仍然存在存量设备改造成本高、客户吸引力不足且部分物业不支持、运营分析薄弱等问题，阻碍了有序充电模式在居民小区的进一步推广。因此，亟须进一步创新思路，加快居住区充电基础设施的建设和服务能力提升。

（一）开展居住区"统建统管"模式

按照"政府主导、电网主动、多方协同"原则，积极开展试点居住区现场调研与筛选确认，与物业公司、居委会对接，鼓励充换电企业和充换电运营企业等接受业主委托，开展居住区充电设施"统建统管"，统一规划建设、统一维护管理，参与小区供配电设施增容改造，采用智能负荷管控、智能有序充电等技术手段实现错峰分时充电，提升电能利用效率，节约增容改造成本。如全省首个社区充电桩"统建统管"项目在乐清落地，这不仅为小区居民解决了安全充电的难题，也为小区电路安全后期维护提供了保障。

（二）推动居住区"统建统营"模式

属地电网企业应积极与属地政府对接、共同商讨，联合制定出台具体措施，指导、鼓励充电设施建设和运营企业或居民小区物业服务人员接受业主委托，开展居民区充电设施"统建统营"新模式。鼓励采用"临近车位共享""多车-桩"等新模式，统一提供充电设施建设、运营与维护等有偿服务，有效解决老旧小区没有固定产权车位、配电容量不足等问题。山东、浙江、成都、福州等地正在积极推动"统建统营"模式。截至2023年9月，国网宁波供电公司已在全市31个小区推广"统建统营"模式，累计投运小区充电桩319台，有效缓解小区"充电难"问题。

（三）加强居住区"统建统服"模式

由政府政策引导，鼓励具有资质的充电运营企业投资，与开发商或物业公司展开合作，整合资源对充电设施进行统一规划、统一建设、统一运营、统一服务，统一管维，可以有效解决社区充电设施建设分散、管理不便、服务不统一等问题，提高充电设施的利用效率，满足社区居民的充电需求。同时，将有序充电纳入统建统服发展模式，创新有序充电的利益分配机制，建立健全有序充电在电网—负荷聚合商—充电运营商—电动汽车用户等之间的红利传导机制，为电动汽车的普及和新能源汽车产业的发展提供有力支持。

第二节 国内外车网互动典型示范应用

一、国外车网互动典型示范应用

（一）英国车桩网互动的示范应用

英国政府非常重视车桩网互动技术的应用，尤其是 V2G 技术。早在 2018 年，英国政府宣布将拨款约 3000 万英镑支持 21 个 V2G 项目，此项拨款旨在测试相关的技术研发成果，同时也为该技术寻找市场。

根据 Ofgem 于 2022 年年初发布的英国《电动汽车智能充电行动计划》中指出，到 2030 年，英国的电动汽车将达到 1000 万辆，而电动汽车对电力的需求将达到英国电力总量的很大一部分，因此需要利用新技术确保能够在正确的时间、以正确的价格将正确的能源提供给正确的负载。根据报告所说，英国从 2022 年开始，新布置的充电站点将具备智能充电（V2G）功能。

英国 VIGIL 项目是英国车桩网互动的关键示范项目之一。该项目（2018—2020 年）开发了英国第一个 V2G 综合管理控制平台，形成了一系列相关的软硬件成果，并且在阿斯顿大学校园内的 2 处示范点部署验证了该平台。该平台在考虑楼宇和电动汽车用户需求以及电网限制的条件下，实时监控电动汽车的充放电行为，管理楼宇能源的分配情况，实现了对平台内每辆电动汽车充放电时间、方式和速率的全面控制。基于对电动汽车数量快速增长带来的区域变电站过载问题的研究，Nortech 公司开发了主动网络控制器，用于监测本地变电站的电压水平和可用容量，保证电网在规定的限制条件下工作，同时可识别动态余量并通知 VIGIL 平台向配电网运营商提供灵活服务。Grid Edge 公司为 VIGIL 平台提供了分布式能源资产的优化控制方法，允许所有站点根据自身需求调整运行状态并向配电网提供服务，同时确保配电变压器不越限运行，提升配电容量利用率。Byte Snap Design 公司开发了一款智能充电桩通信控制器，并将其整合至阿斯顿大学校园的 V2G 单元中，可通过 OCPP2.0 通信协议实现楼宇管理系统直接对 V2G 单元进行远程和本地控制。阿斯顿大学使用来自监测系统的真实数据，研究了

V2G 对动力电池性能退化和电网电能质量的影响。

英国 Sciurus 项目（2018—2021 年）是当时世界上最大的家用 V2G 试点项目。该项目在英国的 325 个家庭中配备了壁挂式家用 V2G 充电桩和用于监控充放电电量、设置充电启动时间和电池 SOC 范围、在用户临时用车时提高充电速度的手机应用软件（APP），智慧能源平台实时监控用户需求和电力辅助服务市场，并制定最优充放电计划。

该项目对用户家庭私桩参与 V2G 的技术方案和商业潜力进行了探索，验证了住宅场景 V2G 提供频率响应、动态遏制调频等辅助服务的潜力，并重点研究了不同服务模式下的价格激励和用户收益，具体包括如下内容：①多种价格激励机制的结合。车主可以从峰谷价差套利、提供电力辅助服务和最大化消纳台区光伏发电 3 种渠道获取收益，单台车桩参与 V2G 服务的年平均收益达 340 英镑。②不同渠道的收益比较。V1G 能给用户带来大约 120 英镑的年收益，在此基础上，调频响应服务可将单车年收益提高至 513 英镑，而动态遏制调频服务的单车年收益最大可达 725 英镑，但目前 V2G 参与动态遏制调频服务还面临很多挑战，无法规模化推广。③电池容量的差异性。相较于电池容量小的电动汽车，电池容量超过 40 千瓦时的车辆参与 V2G 能够多获得近 20% 的年收益，不同车辆之间的收益差距可能来源于小容量电池的损耗折算。

（二）美国车桩网互动的示范应用

以美国和加拿大为主的北美地区对车桩网融合关键技术研究较早，在国家政策的扶持下进行了一系列相关技术示范，其关键技术主要包括智能充电技术、电动汽车与电网互动的 V2G 技术、电池梯次利用储能技术、电动汽车利用分布式可再生能源技术。

JUMPSmartMaui 是美国在夏威夷毛伊岛上的日美岛进行的电网项目。JUMPSmart-Maui 致力于展示世界上最新的岛式智能电网。该项目有三个目标：应对电动汽车数量的增长；稳定电力的供应；并最大限度地利用可再生能源，以构建智能电网系统。JUMPSmartMaui 项目中采用了六项创新计划。①有效利用可再生能源。这是通过诸如根据可再生能源发电计划使用该系统限制 EV 充电时间等措施实现的。②开发解决方案，找到稳定可再生能源电力输出的解决方案，减少输出波动。例如，为了应对突然停止的风力发电，该系统直接控制家庭中的家用电器和电动汽车，控制电力的使用，以最大程度地减少对人们日常生活的影响。③开发设施和系统以应对电动汽车数量的增长。④确保网络安全以确保系统安全。⑤使用自主分散系统改善能源控制；⑥通过开发信息和控制平台技术来支持社区和基础架构的发展。六项创新计划如图4-3所示。

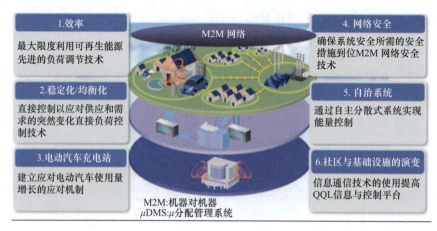

图 4-3 六项创新计划

电动汽车可以在开发高效的智能电网系统中发挥重要作用。电网产生的多余能量可用于为电动汽车中的电池充电，而存储在电动汽车电池中的电量可用于稳定可再生能源发电。通过这种方式，电动汽车成为能源基础设施的重要组成部分，而能源基础设施并不过分依赖化石燃料。基于这一想法，日立公司开发了一个能量控制中心来管理电动汽车充电。此外，日立公司根据对交通流量、主要目的地的位置以及用户的总体便利性进行了分析，建立了电动汽车快速充电站，并于 2013 年 12 月开始进行测试演示。将该系统与正在运行的风力发电系统连接后，在毛伊岛并入电网，该系统涉及多种类型的快速充电站和用户需求的响应技术。该项目还进行了对智能电网影响的分析和评估，对已配置系统经济性的评估，以及岛屿地区实现低碳社会的系统业务模型的建立和验证。

Clinton School Bus Demo 是美国进行的一项关于电动校车 V2G 的示范项目。该项目的目的是证明所有电动校车的总拥有成本等于或小于传统柴油校车的总拥有成本。该示范项目将通过降低燃料和维护成本来降低所有电动校车的运营成本，证明在不运输学生时通过将校车电池中存储的能量提供回公用电网来产生收益的潜力，以及探索减少空气中有害排放物的方法。Clinton School Blue Bird 中的电动校车如图 4-4 所示。

图 4-4 Clinton School Blue Bird 中的电动校车

在车辆方面，每个示范运行区域购买四辆支持车辆到电网（V2G）和车辆到建筑物（V2B）的电动校车（总共八辆校车）；在公用事业方面，该项目将安装双向充电技术和"智能电网"电子设备，以实现校车和电网之间能量的双向流动。该项目将演示电动校车提供的"辅助电网服务"并进行故障排除，包括评估潜在收入和签约方案。其中最重要的辅助服务是频率调节，主要是通过在短时间内向电网注入电力，目的是将交流电的振荡频率保持在每秒 60 赫兹。该项目还将探索在电网停电或其他灾难响应的情况下，将电动校车用作微电网或移动发电机的电源。在融资方面，项目合作伙伴将利用上述初始部署产生的财务和运营数据，向金融机构、学校和市财政部门论证，开发一种或多种公交融资模型（例如购电协议、税收抵免，能源服务合同等），使更多的车队购买电动校车。

该项目预期有如下成果展示：①从经济性和续驶里程等因素考虑，完成电动校车的正常运行；②通过 V2G 技术将公共汽车与电网整合，显示出技术可行性和创收能力；③将公共汽车与建筑物 / 校园电力系统整合，显示出技术可行性；④对比预计的公交车价格，分析校车 V2G 概念的经济可行性，节省燃料、维护费用和辅助服务收入。

PJM 是最早进行 V2G 探索的电力系统运营商之一，2007 年其与特拉华大学合作，验证了电动汽车响应电网调控信号的能力以及电动汽车作为移动储能为电网提供服务的可行性，开启了 V2G 示范项目的先河。在商业模式方面，研究了车主充电行为与电价信号之间的互动效应，利用动态零售电价信号引导电动汽车的充电行为，响应频率调节需求，车主通过峰谷电价差套利以节省充电成本，单辆电动汽车每月可获利 100 美元左右。在消纳新能源方面，PJM 与通用汽车和 OnStar 公司合作验证了根据可再生能源出力制定充电计划的有序充电调控策略，OnStar 作为聚合运营商，通过比较 PJM 调控区域的实时风出力与负荷状况，为雪佛兰车队制定了面向绿电消纳的有序充电计划。风电出力的高峰时段通常为 22:00 ～次日 06:00，该时段恰好为低谷电价时段，此时电动汽车充电可在促进新能源消纳的同时降低车主的充电成本。

（三）日本车桩网互动的示范应用

自 2011 年日本东海岸发生地震以来，日本能源供应商和汽车行业一直在努力寻找降低能源风险的解决方案，最初的尝试更多地在于 V2H 和 V2B。最具代表性的是 2012 年日产汽车开发的"LEAF to home"系统，其核心是尼吉康开发的电动汽车双向充电机，可以将动力电池的高压直流电转换为日本家庭使用的 100 伏安交流电，且其采用 CHAdeMO 快充协议，补贴后的成本大约为 33 万日元。该系统可以在停电或其他紧急情况下作为应急电源使用，也可以通过赚取峰谷电价差价为用户节省用电成本。

2012 年，日本启动"M-tech Labo"试点项目，该项目由一个 20 千瓦的光伏系统、

5 辆可放电电动汽车和从电动汽车中回收利用的 80 千瓦时电池组成。该项目的目的是在夜间消纳可再生能源电力充电，在工厂和办公室用电高峰时，利用电动汽车放电。实验中实现三菱汽车办公室电力峰值负荷降低 12.7%。

2018 年，日本启动 V2G Aggregator project，日本七家相关公司致力于建立 V2G 业务模型，鼓励可持续采用可再生能源和稳定电网。两家相关公司在 2018 财年建立测试环境，并对使用 V2G 系统产生的结果进行验证测试。本项目旨在通过促进可再生能源的使用，使 V2G 在我们的社会中发挥作用，并解决与能源和环境相关的问题。日本 Aggregator project 示范项目系统结构如图 4-5 所示。

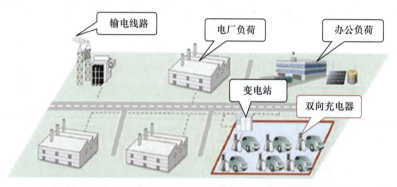

图 4-5　日本 Aggregator project 示范项目系统结构

2020 年，日本三菱汽车和东京电力等 6 家企业，决定基于虚拟电厂技术开展 V2G 示范项目试点，EV/PHEV 的台数从 40 多台增至了 59 台，实现了日本国内最大规模的测试环境，创建了控制 V2G 的在线系统以及同步监控测试点停车的 EV/PHEV。2019 年，日本三菱汽车公司、日立系统电力服务有限公司、东京电力能源合作伙伴和东京电力控股公司等六家公司，在日本 5 个地方基于虚拟电厂技术开展"V2G 整合项目"的示范，将电动汽车作为虚拟电厂，平衡可再生能源及电网稳定之间的关系。此次项目将总共使用 59 辆 EV/PHEV，创建了控制 V2G 的在线系统以及同步监控测试点停车的 EV/PHEV，成为日本最大的 V2G 试验环境。

二、国内车网互动典型示范应用

（一）北京车网互动的示范应用

北京积极展开探索，推进车网互动试点项目。如北京人济大厦 V2G 项目，北京中再中心 V2G 示范项目。

北京人济大厦 V2G 示范项目除了布置了电动汽车充放电桩外，还布置了一座 2 兆瓦时的用户侧储能电站共同参与楼宇用电负荷调控。监控系统实时监控变压器负载率、分时电价等信息，上级主站系统制定并下发充放电功率调节策略，平抑楼宇用电负荷曲线。车主通过手机应用软件设置车辆 SOC 上下限、用车时间、参与意愿等，赚取放电收益。由于国内尚无公开的车－桩－网双向充放电系统和通信协议标准，目前 V2G 试点项目普遍采用车企－桩企－平台聚合商联合定制私有通信协议的模式，该模式虽然便于前期试点开展，但极大地限制了技术推广，而且未来出台双向充放电设备和通信协议标准后也会造成改造升级问题。

北京中再中心 V2G 示范站是我国第一座实现 V2G 商业化运营的项目，于 2020 年参与了华北调峰辅助服务市场。国网电动汽车公司的公务车和员工私家车可在用电高峰时段内反向放电供给楼宇负荷，放电电价为 0.7 元／千瓦时。国网电动汽车公司的统计数据显示，在远距离通勤员工"家充单位放"的场景下，车主 V2G 收益能够覆盖其充电成本。场站的充电峰谷价差约为 0.4 元／千瓦时，截至 2022 年初，共有 256 个车主参与智能充放电，累计降低 4027 元充电成本，充放电量为 108021 千瓦时，累计所获充放电收益为 41716 元。

（二）上海车网互动的示范应用

2014 年，上海市成为国家发展改革委指定的首个需求响应试点城市，近年来一直在积极探索负荷侧可调资源参与削峰填谷需求响应。2019 年，上海市开展了 6 次试点活动，其中，在端午节开展的"填谷"需求响应试点中首次接入了电动汽车，参与方包括国网电动汽车公司、蔚来汽车、星星充电等，场站类型覆盖了私人充电桩、专用充电桩以及换电站，充电运营商的平台与虚拟电厂控制平台间采用了国际通用的 OpenADR 通信协议。对用户设置了直接经济激励，削峰响应补偿价格上限为 30 元／千瓦，填谷响应补偿价格上限为 12 元／千瓦。单个用户的响应次数不超过 10 次，响应时长不超过 10 小时。试点结果表明：价格激励有较强的引导效果，填谷响应时段的平均充电负荷为平常的 7.8 倍；专用充电桩的充电行为集中可控，需求响应参与度明显高于私人充电桩；在电池配备充足的情况下，3 种类型场站中换电站的响应率最高。

2023 年，上海市发改委、市交通委等五部门共同推进上海市公共充电设施"车网互动"示范项目，共 8 个项目于 2023 年底完成建设，目前已陆续投入使用。示范项目共计安装 67 台具备 V2G 功能的充电桩，部分场站参与了今年 7 月的上海市电网需求响应事件，通过实例验证电网高峰时段车辆反向送电的可行性。

其中，以车联网接入上海新型电力负荷管理系统为例，上海市车网互动公共服务平台已累计接入充电站超 2.2 万座，充电设备数量超 5 万个，约占全市充电桩总量的 42.1%。2023 年迎峰度夏期间，上海电动汽车最大调用能力超 9.5 万千瓦，约占当次所有负荷侧响应量的 50%。

而位于外高桥的富特北路充电站是上海首批"车网互动"示范站之一，也是浦东地区首个支持双向充放电和计量的电动汽车充电站，于今年 6 月正式投入运营。该场站由上海电力实业和国网上海浦东供电公司联合推进落地，站内共配备了 42 台 60 千瓦分体式充电桩、5 台 120 千瓦一机双枪 V2G 充电桩，以及包含两台 7 千瓦交流充电桩在内的一套共享式充电系统，能够同时为 54 辆电动汽车提供充电服务，其中 5 台 V2G 充电桩可为 10 辆车提供反向送电服务。

（三）深圳车网互动的示范应用

2022 年 1 月，南方电网公司在深圳投运了粤港澳大湾区首个具备车网双向互动示范站点深圳民兴苑 V2G 站，该示范站是国内最大规模换电设施在南方接入车网互动的示范项目。该项目共配置 10 个充电桩，其中 5 个具备车网互动（V2G）功能、5 个具备有序充电功能。示范站内双向充放电充电桩于 2022 年上半年成功参与深圳虚拟电厂平台需求侧响应调控，取得了良好的调节效果。

2022 年 6 月，深圳电力调度控制中心应用虚拟电厂管理平台，参与迎峰度夏电力保供工作，成功实现对电动汽车充电站的远程直控。在互动过程中，选择错峰充电的电动汽车，每度电可节省 0.6 元；参与反向放电的电动汽车，每度电可获得 2 元补偿。参与互动的深圳供电局数字电网体验中心车网互动示范站，1 小时内削减了电量 100 千瓦时，有效验证了利用经济调节这个"无形的手"，实现充电负荷削峰填谷的可行性和效果。

2024 年 2 月，深圳华章新筑"光储充放"一体化示范项目由清华大学欧阳明高院士团队做技术指导，有效利用华章新筑项目住宅楼顶、停车场等保障性住房配套空间，融入光伏发电、新型储能、柔性用电、液冷超充、虚拟电站、V2G 等先进技术建设电力充储放一张网，开展超级快充、柔性充电、光储直柔等新模式应用。项目光伏系统采用"优先自发自用、余电上网"的模式管理运营，最大化提升用电效率，目前已经建设完成，已正式并网发电投入使用，预计年发电量超 55 万千瓦时。超快充电站规划设 16 个车位，目前已开工，预计 3 月底完工，将接入屋顶光伏并搭配微电网能量管理系统，为小区及周边的新能源车提供"一杯咖啡，满电出发"的超快充电体验。

2024 年 5 月，全国最大规模的车网互动应用在深圳成功实施。此次示范活动是国内首次城市级规模化车网互动响应，也是国内迄今为止影响最广泛、场景最全面、调控最复杂的多元场景车网互动应用实践。深圳全市 1473 辆新能源汽车通过"有序充电""反向放电"响应电网削峰需求，实现新能源汽车与电网的"双向奔赴"。此次响应历经 1 小时，涉及充电站 500 座，充电桩 1.5 万支，削峰电量规模达 4389 度，相当于 548 户家庭一天的用电需求。本次响应中，1420 辆车参与"有序充电"，53 辆车参与"反向放电"，也成功实现了国内最大规模的反向放电。此外，本次活动覆盖了行政机构、企业单位、商业楼宇、工业园区等充放电场景，是一次规模化、商业化、多元化的综合示范应用。截至目前，深圳已建成充电设施 33 万个，车网互动示范站 137 座，可调节电力超 40 万千瓦。

（四）江苏车网互动的示范应用

江苏省是较早提出对车网互动进行探索的省份之一。2021 年江苏省政府办公厅发布的《江苏省"十四五"新能源汽车产业发展规划》就提出，要鼓励"光储充放"多功能综合一体站建设，推进新能源汽车与包含电网（V2G）在内的多种能源消费场景互动试点。鼓励绿色电力现货交易、分布式发电市场化交易与绿色电力动态定价，鼓励新能源汽车利用充电服务平台参与购售电。

2023 年 8 月，江苏省无锡市投入试运营了国内规模最大的车网互动示范中心，融合光伏、储能、充电、放电多功能系统场景，能容纳 50 辆新能源车同时对电网反向送电，30 分钟的反向送电功率近 2000 千瓦。车主接入 V2G 充电桩向电网放电，"卖电"产生的收益并不直接结算成现金，而是算作积分，每一个积分可在无锡国网"e 充电"平台兑换 3 度电的充电权益。理想状态下，车主在谷时充的每 1 度电，若在 8～11 时、17～22 时放电给电网，可获得"1.5 积分兑换成 4.5 度电"的充电权益。

2024 年 7 月，全国最大规模的车网互动示范区——江苏无锡车网互动示范区正式商用。该示范区作为全国最大规模的车网互动示范区，无锡车网互动示范区一期工程配置了共计 59 台 60 千瓦 V2G 直流充电桩。在该示范区内，车主只要点击充放电手机小程序中的放电按钮，就可以向电网反向充电。累计有 50 多台不同品牌的新能源汽车对电网放电，放电量达 3150 千瓦时。无锡车网互动示范区二期工程也在全力建设中，落成后会增加超级充电、移动充电等元素，可一次性满足 144 台车的充电需求、50 台车的放电需求、400 台车的换电需求，整体兼顾日常对外开放、与电网实时互动及科研认证等多种功能需求。

2024 年 8 月，江苏成功实施我国首次省域大规模车网互动应用，覆盖全省 13 个设区市，超千辆新能源汽车集中参与错峰充电、反向放电。此次大规模车网互动应用中，国网江苏电动汽车公司在全省国家电网运营的各大充电站开展错峰充电服务，并选取 16 座公共充电站点，执行分时电价和分时服务费，通过向新能源车主发放充电优惠券等方式，引导其在用电低谷时段充电。当天在我省各地 482 座充电站点，共有 1277 辆新能源汽车参与错峰充电，为用电高峰时段让出 1.2 万千瓦负荷，有效削峰电量达 1.7 万千瓦时，可满足 2100 户家庭一天的用电量，也为新能源车主们创造收益 6000 元。

与此同时，在南京、苏州、无锡、常州等地，国网江苏电力邀请新能源车主在具备车网互动功能的充电桩上参与反向放电。当天 20 时至 21 时，省内共有 37 辆新能源汽车参与反向放电。最新统计显示，到 2030 年，江苏新能源汽车保有量有望突破 1000 万辆。如果其中 10% 的车主自愿参与反向放电，便可为电网提供超过 100 万千瓦的削峰填谷能力，相当于新增一座巨型"移动充电宝"。

第三节 浙江车网互动示范应用成效

一、全国首座综合供能服务站

2018 年 11 月，在国网浙江省电力公司的指导下，杭州供电公司与中国石化杭州石油分公司达成综合供能示范站合作协议，先行在古荡、秋涛路两个星级加油站试点建设综合供能服务站。

杭州供电公司多次与中国石化杭州石油分公司商讨和修改方案，并做好施工安全培训及过程管理等工作。2019 年 1 月，国内首座综合供能服务站改造完毕首次面向社会营业。该综合供能服务站首创电、气、油等多种能源集中供应的商业合作模式。目前，站内除了常规加油加气业务外，还设有 8 台 60 千瓦直流快充充电桩，可满足所有符合国标的新能源汽车的充电需求。全国首座综合供能服务站如图 4-6 所示。

图 4-6　全国首座综合供能服务站

二、全国首座"多站融合"模式充电站

2018 年 8 月，国网杭州供电公司在中大银泰城建成的全国首座电动汽车充电站微综合体对外亮相。该座充电站微综合体首创"多站融合、共建共享"建设运营模式，是集变电站、充电站、光伏发电站、储能站、V2G 放电站、边缘计算中心、休息驿站为一体的"微综合体"充电站。这个充电站占地面积 1700 多平方米，共有 24 个充电桩，所

有的停车棚棚顶都安装了光伏板，每天发电 25.9 千瓦，可以满足这个充电站日常照明、空调等用电需求，剩余的电量还能接上电网。充电桩设置为自助充电模式，每个桩台上都标有详细的充电流程，充电站里能提供自助洗车活动，有效破解城市核心区土地资源稀缺、充电站落点难问题。全国首座"多站融合"模式充电站如图 4-7 所示。

图 4-7　全国首座"多站融合"模式充电站

三、全国单期规模最大的公交充电站

2021 年 3 月 29 日，坐落于拱墅区北部的全国单期规模最大的公交充电站——杭州石塘公交充电站正式启用。该充电站位于原印染厂及石塘二、三组农居点地块，投用后每年将为杭州贡献城市碳减排近 1 万吨。该站由国网杭州供电公司与杭州市城市建设投资集团有限公司合作建设运营，首次应用"挪枪不挪车"建设布局，运用"即插即充"服务技术，站内配置了 401 个充电停车位，304 个充电桩，可满足 400 多辆电动公交车充电需求，日充电量可达 6 万千瓦时，每天可减少城市碳排放量约 28 吨，每年将为杭州贡献城市碳减排近 1 万吨。全国单期规模最大的公交充电站如图 4-8 所示。

图 4-8　全国单期规模最大的公交充电站

四、全国首个"光储充放换检"城市公共示范充电站

2023 年 7 月，由国网杭州供电公司建成投运的杭州亚运村充电站，是全国首个集

无线充电、超级充电、V2G 放电、光伏、储能、换电于一体的"光储充放换检"城市公共示范充电站，形成充电与换电、无线与有线、单向与双向的多维度、立体式充电系统。该站配备 8 个无线充电停车位、8 个 500 千瓦大功率充电装置以及 8 个 V2G 充电桩，相当于一个全能的电动汽车"超级快充站"，

图 4-9　全国首个"光储充放换检"城市公共示范充电站

将为杭州亚运会核心区域提供高效便捷的绿色交通保障。全国首个"光储充放换检"城市公共示范充电站如图 4-9 所示。

五、杭州高速服务区首座公共超级充电站

杭新景高速公路建德服务区超快充电站，是杭州高速公路服务区首座公共超快充电站。该充电站由国网杭州供电公司投资建设，本次新增的 8 台"超快"充电桩，单枪最大充电功率可达到 600 千瓦，是常规快充桩的 10 倍，充电 8 分钟即可续航400 千米，有效缓解高速公路充电排队拥堵现象。同时，该超快充电站超充桩搭载了全液冷散热技术，可以快速降低充电接口温度，保障充电安全、延长使用寿命。杭州高速公路服务区首座公共超快充电站如图 4-10 所示。

图 4-10　杭州高速公路服务区首座公共超快充电站

六、全国首座 AI 光储超充站

2024 年 1 月，浙江省台州市落成全国首座 AI 光储超充站——椒江城发光储充放电

站投运。该站点采用光伏发电，光储系统不仅能为场站自身供电，也能为电动汽车提供快速充电服务，年发电量最高可达 4 万度，折合每年减少碳排放约 31 吨。同时，该站点配备了群超结合的智能充电管理系统，能够根据电动汽车的电池容量和充电需求进行智能匹配，优化充电过程，提高充电效率。液冷超充最大功率达到 600 千瓦，5 分钟充电可至 80%。该系统能实时监测电网负荷和储能设备的状态，确保充电过程安全可靠。此外，该站点还采用了 AI 无人值守系统。系统接入了椒江停车智慧运营中心，对场站进行 24 小时线上全方位监测，根据场站的人员、车辆、充电设备、消防设施等的实时状态做到提前预警、消防联动，减少人工成本，真正做到了电站无人化运营。全国首座 AI 光储超充站投运如图 4-11 所示。

图 4-11　全国首座 AI 光储超充站投运

七、浙江首个 V2B 场景电动汽车充放电示范站

2023 年 11 月，浙江首个 V2B 场景电动汽车充放电示范站在宁波江北区绿地中心投运。V2B，即"Vehicle to Building"——电动汽车到办公楼宇，将双向逆变式充放电技术应用于商业建筑楼宇。在 V2B 车网双向互动的应用场景中，电动汽车担当电力"搬运工"，为办公楼宇接上移动"充电宝"，统一接受充放电策略的调度，参与电网削峰填谷、需求响应及辅助服务。此外，2024 年 1 月，宁波北仑中心充电站正式建成投运，这是北仑区最大的公共充电站，最多可满足 104 辆车同时充电，为广大新能源汽车车主提供了更多的充电选择。浙江首个 V2B 场景电动汽车充放电示范站如图 4-12 所示。

图 4-12　浙江首个 V2B 场景电动汽车充放电示范站

 展 望

第五章

一、车网互动发展趋势

（一）车网互动发展路径

随着我国能源体系不断转型以及新能源汽车的蓬勃发展，车网互动将拥有广阔的前景和极高的应用价值。车网互动的发展路径要求深度耦合电动汽车保有量和电力系统可再生能源渗透率的发展预期。随着电动汽车按照 Logistic 型曲线的激增，对电力系统的冲击逐渐增大，有序充电须首先实现快速发展，促进新能源汽车的渗透。根据现有基础设施和协议标准情况，按照从易到难、由点及面、逐层推进的思路，规划出车网互动发展路径展望。车网互动发展路径展望如图 5-1 所示。

图 5-1　车网互动发展路径展望

2021—2025 年：加快完善智能有序充电相关标准，完善配套政策机制和建设运营模式，实现重点区域应用和参与电力交易的试点；此阶段 V2G 技术与标准化相关准备工作初步就绪，制定基础设施改造 与 V2G 车型商用化目标，率先在重点区域实现 V2G 商用试点。

2026—2030 年：智能有序充电成为主流建设运营模式，电网对大功率快充场站和社区充电桩的接入能力显著提升，电动汽车消纳绿电比例大幅提升；V2G 率先在重点区域实现商用化，V2G 电网基础设施升级改造范围和比例快速提升；充电场站和新能源汽车用户全面参与电力现货、绿电交易和辅助服务市场交易。

2031—2035 年：智能有序充电模式实现对大功率公共快充场站、自建专用场站以及社区和单位充电桩的全面覆盖，实现高比例错峰充电与消纳绿电。V2G 实现居民区等规模商用场景覆盖，日储调节潜力将达到 80 亿千瓦时左右。通过"外部煤电替代效益"，新能源汽车实现整体"净负碳排放"，成为碳中和的重要支撑。

2036—2040 年：电动汽车智能双向互动全面发展，渗透率预期达到 100%。

（二）车网互动市场前景

一是车网互动规模化应用加速。2024 年 1 月，国家发展改革委、国家能源局、工信部及国家市场监督管理总局联合发布《关于加强新能源汽车与电网融合互动的实施意见》（以下简称《意见》）。《意见》提出协同推进车网互动核心技术攻关、加快建立车网互动标准体系等六方面重点任务，为我国车网互动发展明确了发展路径。根据《实施意见》确定的目标，预计到 2025 年底前，将力争建成 5 个以上示范城市以及 50 个以上双向充放电示范项目，同时力争参与试点示范的城市 2025 年全年充电电量 60% 以上集中在低谷时段。2024 年 9 月 10 日，国家发展改革委办公厅等四部委发布《关于推动车网互动规模化应用试点工作的通知》（以下简称《通知》）。该《通知》提出在全国开展车网互动规模化应用试点，推广新能源汽车有序充电，扩大双向充放电（V2G）项目规模，丰富车网互动应用场景。这表明政策层面为车网互动的发展给予了明确支持，推动了规模化应用的进程。

二是车网互动商业模式逐渐成熟。未来车网互动的商业模式将朝着有序充电和 V2G 模式发展。其中，有序充电商业模式将从传统的能源服务向更加综合的能源服务提供商转变。运营商可以通过收集和分析充电过程中的数据，开启新的商业模式。例如，车辆共享、增值服务等多元化的盈利模式将助力整个生态系统的健康发展；在充电桩旁边设置加气站或加氢站，满足不同类型新能源汽车的需求；或者利用充电桩的储能功能，参与电网的调峰调频，为用户提供更加稳定、可靠的能源服务。而 V2G 模式需要探索技术先进、模式清晰且可复制推广的商业模式。目前已有多个地区设立 V2G 项目并积极开展项目应用，探索商业化模式。例如，上海建成 8 个车网互动示范项目，重庆首次开展大规模多场景车网互动应用，浙江省超 3 万台充电桩参与电网柔性互动，全国最大规模的江苏无锡车网互动示范区正式商用，覆盖多个城市，引导新能源汽车参与错峰充电和 V2G 反向放电。这些试点项目在验证 V2G 技术可行性的同时，也为未来车网互动行业商业模式探索应用提供了宝贵经验。此外，通过设计适合车网互动的交易品种，体现放电价值，推动车载电源、充电桩等产品的更新升级，促进双向充放桩的发展。这些创新模式为未来车网互动的商业化将提供多样化的盈利途径。

（三）车网互动技术发展

车网互动技术是服务新能源电动汽车高质量发展的重要手段。一方面，作为新增大负荷，大规模电动汽车充电桩的无序充电、高峰充电将进一步加剧电网负荷峰谷特性，让电网难以承受；另一方面，电动汽车海量的充放电资源将成为新型电力系统中重要的分布式储能，可以发挥削峰填谷作用，成为友好型充电基础设施。随着智能电网、物联网等技术的发展，车网互动技术将更加智能化、高效化。未来车网互动需从车控与电池技术、充放电装备、电网接入技术、系统平台技术等方面不断完善。其中，未来 V2G 技术将在以下几个方面实现创新突破：

（1）高效能电池技术：随着电池技术的不断发展，未来电动汽车将配备更高能量密度、更长循环寿命的电池，为 V2G 技术的广泛应用提供有力支撑。

（2）智能调度系统：通过引入大数据、人工智能等技术，未来 V2G 系统将实现更加智能、精准的调度和优化，提高能源利用效率和电网稳定性。

（3）多场景应用：未来 V2G 技术将不仅局限于居民小区、商业楼宇等场景，还将拓展到工业园区、交通枢纽等多个领域，形成多元化、广覆盖的服务生态。

二、相关思考

（一）构建跨行业及部门协调机制

车网互动横跨电网、交通、充电等多个环节，产业链条长，参与主体众多，包括电动汽车用户、充放电服务运营商、电动汽车负荷聚合、虚拟电厂运营商、电网企业、电力交易机构等。目前，各地试点普遍反映出基础设施、政策机制、用户引导等跨行业瓶颈。例如，顶峰型辅助服务市场尚未建立、个人充电桩用户尚不能参与现货等电能量主力市场、电网关口表以下的充电设施资源尚难以直接聚合参与市场、V2G 聚合资源尚不具备与独立储能电站相当的市场参与地位等问题。因此，必须加强产业链合作，构建涵盖车、动力电池、电网、充电设施等领域的跨行业协同机制，形成具有中国特色的车网协同发展目标与工作路径，才能实现车网协同互动的规模化、商业化。

（二）加强车网互动政策标准建设

目前我国尚缺乏覆盖充换电设施、电动汽车、电网基础设施等"车—桩—网"关键环节车网互动标准体系，这是推进规模化车网互动的重要障碍。举例来说，现有车桩通信协议不能有效支持 V2G 的规模化应用，交流充电接口不具备数字化通信能力，这些都阻碍了车网互动的规模化应用。为此，要加快建立车网互动标准体系。**一是加快制修订车网互动相关国家和行业标准**，优先完成有序充电场景下的交互接口、通信协议、功率调节、预约充电车辆唤醒等关键技术标准制修订，推动各部门出台相关有序充电、充电技术规范与通信链协议标准，将智能有序充电纳入充电桩和新能源汽车产品功能范围；**二是完善车网互动配套检测认证体系**，推动在车辆生产准入以及充电桩生产、报装、验收等环节落实智能有序充电标准要求。积极参与车网互动领域的国际标准合作，提升中国标准的国际影响力。

（三）强化车网互动核心技术攻关

车网互动技术涉及新能源汽车、充换电设施、电力系统等产业链多个环节，通过强化车网互动核心技术攻关可以促进车桩网技术产业体系转型升级，提高新能源汽车行业的国际竞争力。因此，强化车网互动关键核心技术至关重要。其主要涵盖以下几个方面：**一是加大动力电池关键技术攻关**，在不明显增加成本基础上将动力电池循环寿命提升至 3000 次及以上，攻克高频度双向充放电工况下的电池安全防控技术。**二是研制高可靠、高灵活、低能耗的车网互动系统架构及双向充放电设备**，研发光储充一体化、直流母线柔性互济等电网友好型充换电场站关键技术，攻克海量分布式车网互动资源精准预测和聚合调控技术。**三是加强车网互动信息交互与信息安全关键技术研究**，构建"车－桩－网"全链条智能高效互动与协同安全防控技术体系，实现"即插即充（放）"智能便捷交互，同时确保信息安全和电网运行安全。

（四）健全车网互动相关市场机制

目前车网互动市场机制在建设和完善过程中，车网融合发展存在市场化活跃度低、组织交易频次低、电动汽车移动储能价值体现度差等痛点。例如，电力市场机制不完善，准入门槛高，辅助服务市场主体以发电设施为主，用户侧资源不在其中。现货市场仍在建立初期，区域市场改革方向差别较大；终端用户峰谷电价机制不完善，部分地区没有居民、工商业的峰谷电价，且受充电服务费、转供电加价影响，峰谷电价传导不畅。因此，需推动车网互动相关市场机制不断完善。**一是研究完善电动汽车充电分时电价政策**，探索新能源汽车和充换电站对电网放电的价格机制，科学设置峰谷时段，优化峰谷电价比例，推动电动汽车与电力系统互动。**二是建立健全车网互动资源聚合参与需求侧管理以及市场交易机制**，丰富交易品种，扩大参与范围，为下一步车网互动资源参与调峰、调频、备用、爬坡等辅助服务市场提供了政策指导。**三是探索车网互动聚合参与电力现货、绿证、碳交易的可行路径**，为各地结合电力市场和碳市场建设，探索相关市场机制提供政策依据。

（五）打造国家级车网互动示范区

打造车网互动示范区对于促进新能源汽车与智能电网的深度融合、缓解电网供电压力、推动能源结构优化和绿色低碳发展、提升电动汽车的使用价值以及推动技术创新和产业发展都具有重要意义。因此，将 V2G 作为地方政府打造国家级车网互动示范区的关键点，可往以下两个方向发展：**一是有序充放电示范社区**，仅从充电需求来看，大部分居民社区变压器容量充裕，容量不足社区仅是少数。考虑 V2G 需求，"三相大容量＋扎堆充放电"应以有序充放电为支撑，本质是在容量受限下实现"全量接入"保证公平，需出台强制政策法规。明确电网与私人桩的标准化通信接口与调控协议，建立车－桩强制认证体系。**二是有序充放电示范场站（公交站潜力方向）**，车端超充技术导入，5 年后平均单车充电功率需求将是现在的 3 倍左右。场站端挑战较大，需根据单车功率需求变化实现"超充升级"+"动态增容"。建立场站级有序充放电体系，合理放宽报装容量，降低扩容成本和提高配网效率。明确充换电场站的负荷调控技术方案和并网运行管理机制。公交场站复用电力容量和空间实现"超充 +V2G"。

参 考 文 献

［1］ 融媒体中心，解读｜车网互动新政出台，有哪些亮点？［N］. 浙电 e 家，2024-01-05.

［2］ 深入浅出电力市场，行业赋能｜新能源汽车与电力市场（四）：新能源汽车车网互动架构与负荷调控架构［N］. 深入浅出电力市场，2024-03-28.

［3］ V0G 到 V2G 的技术演进路线［N］. 电源老代，2016-02-20.

［4］ 大众补能加速"跑马圈地"，布局有序充电或成"突围"关键［N］. 汽扯扒谈，2023-07-06.

［5］ 钛昕"昕闻说"第八期：V2G 技术前景展望［N］. 上海钛昕，2024-08-01.

［6］ 案例集｜把你的电动汽车秒变家庭备用电源，想体验吗？［N］. 菲尼克斯电气，2024-01-25.

［7］ 新能源中的专业名词：V2G、V2L、V2H/B、V2V 秒懂［N］. 凯诺，2022-04-24.

［8］ 重庆：2 座智能超充示范站首次投用. 安徽：首座 V2B 示范充电站正式投产 可同时为汽车和大楼"充电"［N］. 充电运营圈，2024-04-11.

［9］ 最近市场十分火热的 V2X（车路协同）是什么？［N］. 镇元长青资本，2024-07-02.

［10］ 车联网技术介绍及应用场景［N］. 德科仕通信，2024-05-08.

［11］ 黄云贵，张琳，南方电网公司政策研究部. 关于加快培育发展我国车网互动新型产业生态的思考［N］. 南方能源观察，2024-05-22.

［12］ 国家发展改革委. 国家能源局有关负责同志就《关于加强新能源汽车与电网融合互动的实施意见》答记者问［N］. 国家能源局，2024-01-05.

［13］ 赵勇，邱波，张春雷. 以车网融合互动助力新型电力系统建设［N］. 中国能源报，2024-06-10第 06 版.

［14］ 车网互动需要什么样的市场机制？［N］. 电联新媒，2024-07-08.

［15］ 祁晓玲. 2030 年全球乘用车市场新能源渗透率将达 50%［N］. 中国工业新闻网，2024-02-28.

［16］ 万莹. 在美国，为啥电动"打不过"混动［N］. 中国汽车报网，2024-03-18.

［17］ 全球 58 国电动汽车销量报告（2023 年）［N］. 电车出海，2024-03-19.

［18］ 2023 年德国汽车销量增长，但电动车失去优势［N］. 车联新生态，2024-01-16.

［19］ 欧阳晗振，石烁. 欧阳晗振 石烁："新能源汽车王国"挪威是怎样炼成的？［N］. 复旦发展研究院，2024-05-24.

［20］ 东京街头实探：电动化落后大时代，日本人坐不住了［N］. 搜狐汽车，2024-02-21.

［21］ 居住区电动汽车有序充电演进发展路径研究［R］. 国网浙江省电力有限公司杭州供电公司，2024-07.

［22］ 截至 2023 年底我国累计建成充电基础设施 859.6 万台［N］.《人民日报》, 2024-03-18.

［23］ 关于有序充电, 看这篇就够了!【前言篇】［N］. 朗新研究院, 2023-12-12.

［24］ 车网互动系列之二: 车网互动的政策背景［N］. 充电科技前沿, 2024-04-02.

［25］ 2022—2023 部分车网互动政策文件及简要介绍［N］. 储能兴趣研究班, 2023-12-04.

［26］ 智观能源|首批车网互动行业标准发布［N］. 广汽能源, 2023-11-14.

［27］ 业务专题|欧洲主要国家充电基础设施政策分析［N］. 中汽数据, 2022-09-09.

［28］ 欧洲 30 国电动汽车税收＆补贴政策（2023 最新版）［N］. 电车出海, 2023-08-28.

［29］【政策速递】全面解读"有序充电桩"补贴政策, 助力绿色出行加速落地!［N］. GOTAI 工泰, 2024-07-04.

［30］ 居住区电动汽车有序充电演进发展路径研究［R］. 国网浙江省电力有限公司杭州供电公司, 2024-06-26.

［31］【文字解读】浙江省加快新能源汽车产业发展行动方案［N］. 浙江省发展和改革委员会, 2024-01-29.

［32］ 浙江省人民政府办公厅关于印发浙江省完善高质量充电基础设施网络体系促进新能源汽车下乡行动方案（2023—2025 年）的通知［N］. 浙江省人民政府办公厅, 2023-07-24.

［33］ 关于印发《杭州市 2016 年新能源汽车推广应用地方配套补助办法》的通知［N］. 杭州市财政局, 2016-06-13.

［34］ 政策解读《杭州市推进新能源电动汽车充电基础设施建设运营实施办法（修订）》［N］. 市政府办公厅, 2023-11-11。

［35］ 关于征求《杭州市住宅工程户内外配电设计技术导则》（征求意见稿）相关意见的通知［N］. 杭州市城乡建设委员会, 2021-07-20。

［36］ 关于印发《宁波市电动汽车充电基础设施奖励补贴资金使用管理实施细则（2023 年本）》的通知［N］. 宁波市能源局, 2023-09-12.

［37］ 温州市发展和改革委员会关于进一步加强电动汽车充电基础设施建设运营管理的意见［N］. 市发展改革委, 2022-09-22.

［38］ 湖州市本级新能源汽车推广应用地方补助实施办法［N］. 市经济与信息化局（中小企业局）［N］. 市经济与信息化局（中小企业局）, 2020-09-30.

［39］《台州市关于完善高质量充电基础设施网络体系促进新能源汽车下乡的实施意见（2023—2025 年）》, 市政府办公室, 2023-11-12.

［40］ 居住区电动汽车有序充电演进发展路径研究［R］. 国网浙江有限公司杭州供电公司, 2024-07.

［41］ 车网互动规模化应用与发展白皮书 2023- 南方电网［R］. 南方电网, 2023-03-11.

［42］ 观察|车网互动需要什么样的市场机制?［N］. 电联新媒, 2024-07-08.

［43］解读丨车网互动新政出台，有哪些亮点？［N］．浙电 e 家，2024-01-05．

［44］新能源汽车与电网融合互动面临的问题及对策［N］．中能传媒研究院，2024-01-05．

［45］刘错．评论丨刘错：车网互动需要协同发展［N］．中国汽车报网，2023-07-28．

［46］电动汽车 V2G 技术发展分析［N］．槃生资本，2023-04-10．

［47］车网互动如何发挥资源潜力和创造价值［N］．北极星储能网，2022-07-28．

［48］面向车桩网互动的电力泛计量关键技术及应用［R］．国网浙江省电力有限公司杭州供电公司，2023-11．

［49］浙江 V2G 应用前景调研分析报告［R］．国网浙江省电力有限公司营销部，2023-09．

［50］V2G 商业化还要迈过几道坎？｜中国汽车报［N］．中国汽车报，2021-04-24．

［51］面向车桩网互动的电力泛计量关键技术及应用［R］．国网浙江省电力有限公司杭州供电公司，2023-11．

［52］车网互动规模化应用与发展白皮书 2023- 南方电网［N］．电力知识研究圈，2023-03-11．

［53］陶炜，张智．"车网互动"声浪再起，距离普及还有多远？［N］．华夏时报，2023-04-04．

［54］汪芦斌．【供电服务】居民小区电动汽车有序充电推广与优化运营策略研究［N］．朗新研究院，2023-04-04．

［55］厘清电动汽车用户参与有序充电的阻碍因素，提升参与比例［N］．电动汽车产业技术创新战略联盟，2023-11-21．

［56］推进充电技术与机制协同 推动车网互动可持续开展［N］．中国电力，2024-03-30．

［57］缺配件、缺人才、成本高新能源汽车维修难题等待解答［N］．中国经营报，2024-10-28．

［58］加快试点项目推广，V2G 车网互动再迎政策利好［N］．优优绿能，2024-09-21．

［59］《人民日报》海外版：灵活电网怎么建？新能源车来出力［N］．国家能源局，2024-09-27．

［60］车网互动技术 V2G［N］．充电储能之星，2024-05-20．

［61］灵活电网怎么建？V2G 商业化落地仍需力推［N］．2024-10-18．

［62］试点启动，车网互动蓄势［N］．长城证券，2024-09-14．

［63］V2G 很难，但中国必须去做［N］．36 氪汽车，2024-09-12．

［64］各地政策推动小区充电桩统建统管，其中川渝地区力度很大，四川赤兔新能源［N］．2023-07-20．

［65］广西：新建小区 100% 配建充电设施，实行"统建统营"，魔家充电桩［N］．2023-01-31．

［66］从 0 到 5 亿，公司持续示范引领充电服务，国网宁波供电公司［N］．2023-09-07．

［67］充电焦虑之②：小区充电桩难进？"统建统服"模式了解一下，停充圈［N］．2023-12-19．

［68］社区充电的统建、统服及充电设施的区域运营，胡说新能源［N］．2024-06-04．

［69］加快推广有序充电，提升居民区充电桩接入能力，能源基金会［N］．2023-10-12．

［70］V2G 技术与国内外现状，瑞凯诺充电解决方案［N］．2023-06-16．

［71］新能源 V2X 放电技术，丑阿牛工作启示录［N］. 2023-02-25.

［72］赵轩，张元星，李斌，等. 国内外车网互动试点成效分析与发展建议［J］. 电力自动化设备，

［73］"全球电动汽车与可再生能源融合"里程碑示范项目（北美篇），汽车工程学会［N］. 2023-06-16.

［74］车网互动系列之四：车网互动的技术历程（亚洲篇），充电科技前沿［N］. 2024-04-06.

［75］今夏上海电力供需紧张，试点新能源车给电网"反向充电"，纵横观亚太［N］. 2024-08-01.

［76］上海建成 8 个"车网互动"示范项目，电动汽车成了"移动充电宝"，充电桩视界［N］. 2024-09-07.

［77］余胜祥. 车网互动系列之三：车网互动的技术历程（中国篇），充电科技前沿［N］. 2024-04-04.

［78］全国首份《车网互动规模化应用与发展白皮书》在深圳发布，充电科技前沿［N］. 2024-04-04.

［79］电动车参与储能进程加速全国最大规模车网互动应用实践在深圳落地！深圳市电池行业协会［N］. 2024-05-17.

［80］江苏启动大规模应用试验 车网互动应用不再是纸上谈兵，中国汽车报网［N］. 2024-09-14.

［81］全国最大规模车网互动示范区正式商用，苏电牛思［N］. 2024-07-11.

［82］江苏率先实施省域大规模车网互动应用，网信江苏［N］. 2024-08-15.

［83］国网打造国内首座综合供能服务站——"三合一"充电站在浙江杭州正式运营，电网头条［N］. 2019-01-10.

［84］钱英. 国家电网公司首座电气油综合供能服务站在杭州运营，电力网［N］. 2019-01-14.

［85］全国首座"电动汽车充电站微综合体"在杭运行，杭州日报［N］. 2018-08-09.

［86］杭州建成全国单期最大智慧公交充电站，年减少城市碳排万吨，国网杭州供电公司［N］. 2021-03-29.

［87］杭州亚运会核心区域启用新能源汽车无线充电设施，新华社新媒体［N］. 2023-07-20.

［88］充电 8 分钟续航 400 公里 杭州高速服务区上线超快充电站，钱江晚报［N］. 2024-05-01.

［89］全国首座 AI 微网超充站落地浙江，为新能源车打造「10 分钟充电圈」，新能源与新交通［N］. 2024-02-02.

［90］放电换电 纵享丝滑，"车网互动"积水成海，浙电 e 家［N］. 2024-08-02.

［91］魏一凡，韩雪冰，卢兰光，等. 面向碳中和的新能源汽车与车网互动技术展望［J］. 汽车工程，2022,44(4):16.

［92］科普 | 电动汽车充放电（V2G）技术：绿色能源新篇章，商业运营展现广阔前景［N］. 2024-06-13.

［93］国家发展改革委等四部门重要通知！中国电力报［N］. 2024-09-10.

［94］ 充电桩未来，商业模式大创新！和动充电站［N］. 2024-10-26.

［95］ 车网互动规模化发展要先打通堵点，中国汽报［N］. 2024-09-18.

［96］ 充电基础设施行业发展再迎利好，车网互动如何驶入"快车道"，充电桩管家［N］. 2024-08-09.

［97］ 新能源汽车变身"充电宝"？车网互动将成新风口！雅森新能源［N］. 2024-10-28.

［98］ 车网互动有了顶层设计，中国能源报［N］. 2024-01-10.

［99］ 评论｜刘锴：车网互动需要协同发展，人民资讯［N］. 2023-07-28.

［100］ 车网互动政策解读：2030 年前实现规模化应用，能源新媒［N］. 2024-04-08.

［101］ 国家发展改革委、国家能源局等四部门发布！中国电力报［N］. 2024-01-04.

［102］ 国家发展改革委等部门发布！中国能源报［N］. 2024-01-04.

［103］ 试点启动，车网互动蓄势，南方能源观察［N］. 2024-09-13.

［104］ 李立理：对地方政府推动车网互动尤其是 V2G 发展的建议，人民公交［N］. 2024-08-22.